SAINTE PHILOMÈNE

2ᵉ SÉRIE IN-12

Propriété des Éditeurs.

SAINTE PHILOMÈNE

VIE
DE
SAINTE PHILOMÈNE
VIERGE ET MARTYRE

OU

LA SAINTE THAUMATURGE
DU XIXᵉ SIÈCLE.

LIMOGES
EUGÈNE ARDANT ET Cⁱᵉ, ÉDITEURS.

VIE
DE
SAINTE PHILOMÈNE.

―――――――――――――――

I. — DÉCOUVERTE DU SAINT CORPS DE SAINTE PHILOMÈNE.

Le Psalmiste disait que « Dieu est admirable dans ses saints, et dans les œuvres que par eux et pour eux il opère en faveur de son peuple. Le fruit, ajoutait-il, de ces œuvres merveilleuses, est un accroissement de force et de courage dans le cœur de ses enfants; » et il en bénissait le Seigneur. Nous trouvons une nouvelle preuve de cette parole divine dans l'invention des saintes Reliques de notre Thaumaturge. Depuis à peu près quinze siècles, comme nous le dirons plus tard, elles étaient ensevelies et ignorées du monde entier; et voilà que tout-à-coup elles apparaissent, couronnées d'honneur et de gloire, aux yeux de l'univers. Quel est donc ce prodige? qui peut l'avoir opéré, sinon la main de celui qui dicta ces mots à son prophète : « La mémoire du juste survit à tous les siècles : elle participe de mon éternité.... » Le juste seul mérite donc d'être appelé sage, puisque ce n'est pas sur le sable mouvant qu'il élève l'édifice de ses vertus et de sa gloire, mais sur le roc impérissable, sur les montagnes de Dieu!.... Oh! si les insensés habitants de la terre pouvaient comprendre et goûter ce langage!.... Quoi qu'il en soit, telle est la leçon que Dieu a voulu leur donner : si leur folie les empêche d'en profiter, elle n'en sera pas moins grandement utile à ceux qui marchent déjà dans la voie droite; et à la vue de ce que le Seigneur a fait pour exalter son humble servante, sainte Philomène, ils se sentiront animés d'une nouvelle ardeur, et ils courront, ils voleront avec la rapidité de l'aigle dans les sentiers étroits, mais aussi pleins de joie et d'espérance, dont le terme est la vie et la gloire éternelle.

Le corps de sainte Philomène fut donc trouvé en 1802, le 25 du mois de mai, pendant les fouilles que l'on a coutume de faire à Rome, chaque année, dans les lieux consacrés par la sépulture des martyrs. Ces opérations souterraines se faisaient, cette année-là, dans les catacombes de sainte Priscille, sur la nouvelle voie Salaria. On découvrit d'abord la pierre sépulcrale, qui se fit remarquer par sa singularité. Elle était de terre cuite, et offrait aux regards plusieurs symboles mystérieux qui faisaient allusion à la virginité et au martyre. Ils étaient coupés d'une ligne transversale, formée par une inscription dont les premières et les dernières lettres paraissent avoir été effacées par les instruments des ouvriers qui cherchaient à la détacher de la tombe. Elle était ainsi conçue :

(FI) LUMENA, PAX TECUM FI (AT.)

Le savant Père Marien Partenio, Jésuite, croit

que les deux premières lettres FI doivent se rattacher au premier mot de l'inscription, suivant l'ancien usage, dit-il, qui était commun aux Chaldéens, aux Phéniciens, aux Arabes, aux Hébreux, et même aussi, ajoute-t-il, on en trouve quelque trace parmi les Grecs. Je laisse aux érudits à discuter sur ce point, et je me contente de faire remarquer, avec le même Père, que « dans les pierres sépulcrales mises par les Chrétiens sur la tombe des martyrs qui confessèrent le nom de J.-C. dans les premières persécutions, au lieu de la formule IN PACE, généralement plus usitée, on mettait celle-ci, qui a quelque chose de plus animé et de plus vif : PAX TECUM. »

La pierre ayant été enlevée, apparurent les restes précieux de la sainte martyre, et tout à côté, un vase de verre, extrêmement mince, moitié entier, moitié brisé, et dont les parois étaient couvertes de sang desséché. Ce sang, indice certain du genre de martyre qui termina les jours de sainte Philomène, avait été, selon l'usage de la primitive Église, recueilli par des chrétiens pieux, qui, lorsqu'ils ne le pouvaient pas par eux-mêmes, s'adressaient quelquefois aux païens, et même aux bourreaux de leurs frères, pour avoir, ainsi que leurs vénérables dépouilles, ce sang sacré, offert avec tant de générosité à celui qui, sur la croix, sanctifia, par l'effusion du sien, les sacrifices, les douleurs et la mort de ses enfants.

Pendant que l'on s'occupait à détacher des différentes pièces du vase brisé le sang qui y était collé, et que l'on en réunissait avec le plus grand soin les plus petites parcelles dans une urne de cristal, les personnes qui étaient présentes, et parmi lesquelles se trouvaient des hommes de talent et d'un esprit cultivé, s'étonnèrent en voyant tout-à-coup étinceler à leurs yeux l'urne sur laquelle, depuis quelques instants, leurs regards étaient attachés. Ils s'approchent de plus près, ils considèrent à loisir ce prodigieux phénomène, et, dans les sentiments de la plus vive admiration, jointe au plus profond respect, ils bénirent le Dieu qui se glorifie dans ses saints. Les parcelles sacrées, en tombant du vase dans l'urne, se transformaient en divers corps précieux et brillants, et c'était une transformation permanente : les uns présentaient l'éclat et la couleur de l'or le mieux épuré ; les autres, de l'argent ; d'autres, des diamants, des rubis, des émeraudes et d'autres pierres précieuses ; en sorte qu'au lieu de la matière dont la couleur, en se dégageant du vase, était brune et obscure, on ne voyait dans le cristal que l'éclat mélangé de couleurs diverses, telles qu'elles brillent dans l'arc-en-ciel.

Les témoins de ce prodige n'étaient pas hommes à douter de ce qu'ils ont vu de leurs yeux, et de ce qu'ils avaient examiné avec une attention réfléchie. Au reste, ils savaient que Dieu n'est pas si avare de ses dons, surtout envers ceux qu'il comble dans le ciel de toutes les richesses de sa gloire, qu'une semblable merveille dût ici coûter beaucoup d'effort ; ils la considéraient non-seulement en elle-même et comme une ombre de cette charité toute céleste promise dans les Livres saints au corps et à l'âme du juste, mais encore dans les heureux et salutaires effets qu'elle produisait dans leur cœur, dont ils sentaient se ranimer la foi;... et s'ils eussent voulu rapprocher le présent du passé, pour se justifier à eux-mêmes leur pieuse croyance, ne pouvaient-ils pas se rappeler, entre autres, plusieurs faits semblables, celui qu'on lit dans la vie de saint Jean Népomucène, dont le corps, ayant été jeté dans la Moldave, fut distingué au milieu des eaux, pendant la nuit, à la vive lumière qui lui servait de vêtement ?... Ce que nous venons de dire de sainte Philomène est plus admirable sans doute ; mais aussi qu'il y a loin de ce prodige à celui dont il était et le signe et le gage, je veux dire à la résurrection des corps, quand les élus seront transformés en la même gloire de J.-C.

En lisant ce qui précède, on aura été frappé sans doute de la permanence de cette miraculeuse transformation ; aujourd'hui encore elle excite l'admiration de tous ceux qui vont vénérer cette précieuse relique... Ils voient encore dans la même urne les mêmes corps lucides ; mais leur éclat n'a pas toujours la même vivacité, et les couleurs dont ils brillent ont, en divers moments, des nuances diverses : tantôt c'est le rubis, tantôt l'émeraude qui domine ; tantôt leur éclat est comme terni par une légère couche de cendre. Une fois seulement on le vit s'effacer totalement, et les yeux épouvantés de ceux qui en furent les témoins ne virent plus dans l'urne sainte qu'un peu de terre ordinaire. Mais bientôt cette nouvelle merveille cessa, et ce fut quand les yeux indignes d'un personnage, mort peu après subitement, eurent aussi cessé de profaner de leurs regards la sainteté de ses vénérables reliques... Dieu ! que les œuvres de votre puissance sont à la fois admirables et terribles !

Il se présente ici à mon esprit une difficulté qui se sera peut-être aussi présentée à celui de mes lecteurs. Ce prodige, comme nous l'avons dit, s'opéra d'abord au moment de l'extraction du saint corps des Catacombes. Les témoins oculaires durent en parler, et par conséquent il dut s'ébruiter dans Rome. Comment donc s'est-il fait que, depuis le 25 du mois de mai de l'année 1802, jusqu'au milieu à peu près de l'an 1805, un sujet digne de tant de respect, au lieu d'être exposé sur les autels, pour y recevoir les hommages des fidèles, ait été tenu caché et confondu au milieu de plusieurs autres corps de saints martyrs, qu'il n'avait pas plu au Seigneur d'honorer d'une manière si éclatante? Mais je pense à la sage lenteur et à la circonspection toute surnaturelle de la cour de Rome, quand il s'agit de prononcer sur ces événements extraordinaires ; je m'arrête surtout à considérer les vues de la Providence sur ce dépôt sacré, et la difficulté s'évanouit. Oui, Dieu voulait, et tout ce qui est arrivé depuis concourt à le prouver, qu'après avoir jeté un premier éclat, semblable à celui de l'aurore, ce nouveau soleil, fait à l'image de celui qui éclaire tout homme venant au monde, restât encore un peu de temps caché sous les nuages, jusqu'au jour où il aurait tout disposé pour le montrer à la face de l'univers, brillant des plus éblouissantes splendeurs, et d'autant plus admirable qu'ayant en quelque sorte pour tente une autre Nazareth, sa gloire, ainsi que celle de J.-C., paraîtrait avec évidence ne lui venir que du Père céleste, jaloux de la couronner seul, afin que l'on vît mieux ce que peut, ce que fait son amour en faveur de ceux qu'il honore. Gloire lui soit à jamais rendue !

II. — HISTOIRE DU MARTYRE DE SAINTE PHILOMÈNE

Le martyre de sainte Philomène n'est connu que par les symboles dépeints sur la pierre sépulcrale dont nous venons de parler, et par des révélations faites à diverses personnes par la même sainte. Commençons par ceux-là.

Le premier est une ANCRE, symbole non-seulement de force et d'espérance, mais encore d'un genre de martyre tel que celui auquel Trajan condamna le pape saint Clément, jeté par ses ordres dans la mer avec une ancre attachée à son cou.

Le second est une FLÈCHE, qui, sur la tombe des martyrs de J.-C., signifie un tourment semblable à celui par lequel Dioclétien essaya de faire mourir le généreux tribun de la première cohorte, saint Sébastien.

Le troisième est une PALME, placée à peu près au milieu de la pierre ; elle est le signe et comme le héraut d'une éclatante victoire remportée sur la cruauté des juges persécuteurs et sur la rage des bourreaux.

Au-dessous est une espèce de FOUET, dont on se servait pour flageller les coupables, et dont les courroies, armées de plomb, ne cessaient quelquefois de sillonner et de meurtrir le corps des chrétiens innocents qu'après les avoir privés de la vie.

Viennent ensuite deux autres FLÈCHES, disposées de manière que la première a la pointe en haut, et la seconde en sens inverse. La répétition de ce signe indiquerait-elle une répétition des mêmes tourments, et sa disposition un miracle tel, par exemple, que celui qui eut lieu au mont Gargano, quand un pâtre, ayant lancé une flèche contre un taureau qui s'était réfugié dans la caverne consacrée depuis au glorieux archange saint Michel, il vit, ainsi que plusieurs autres personnes qui étaient là présentes, cette même flèche revenir à lui, et tomber à ses pieds?

Enfin aparaît un LIS, symbole de l'innocence et de la virginité, qui, en s'unissant avec la palme et le vase ensanglanté, dont nous avons déjà fait mention, proclame le double triomphe de sainte Philomène et sur la chair et sur le monde, et invite l'Église à l'honorer sous les titres glorieux de martyre et de vierge.

Voyons maintenant si les révélations dont nous avons parlé s'accordent avec ces divers signes. Chacun pourra en juger par soi-même.

Voici la narration de l'artisan : « Je vis, dit-il, le tyran Dioclétien éperdu d'amour pour la vierge Philomène. Il la condamnait à plusieurs tourments, et il ne cessait de se flatter que leur atrocité amollirait enfin son courage, et la forcerait de se rendre à ses désirs. Mais, voyant que toutes ses espérances étaient vaines, et que rien ne pouvait fléchir la ferme volonté de la sainte martyre, il tombait dans des accès de démence; et dans la rage qui l'agitait alors, ils se plaignait de ne pouvoir l'obtenir pour épouse... Enfin, après l'avoir mise à l'épreuve de diverses tortures (et il cite précisément les mêmes qui sont désignées par la pierre sépulcrale, et dont il n'avait absolument aucune connaissance) le tyran la fit décapiter. A peine cet ordre eut-il été mis à exécution, que le désespoir s'empara de son âme. Alors on l'entendit s'écrier : C'en est donc fait, Philomène ne sera jamais mon épouse! Elle a été, jusqu'au dernier soupir, rebelle à ma volonté; elle est morte; comment pourrais-je lui survivre? Et en disant ces mots il s'arrachait la barbe en furieux, il entrait en d'affreuses convulsions, et se jetant du haut de son trône sur le pavé, il saisissait de ses dents tout ce qui se présentait à lui, disant qu'il ne voulait plus être empereur. » Tel est en peu de mots le résumé de la vision dont il plut à Dieu d'honorer un homme simple et ignorant; vision, ajoute notre abréviateur, qui est conforme à ce que l'histoire nous apprend des dernières années de Dioclétien (ou du moins à ce qu'elle nous donne à entendre.)

La seconde révélation est celle qui fut faite à ce prêtre zélé, grand dévot de Philomène. Don François dit qu'il n'y a rien dans tout ce qu'il en écrit dont il n'ait été directement informé par ce même prêtre; et, de plus, qu'il le lui a entendu raconter dans l'église même où repose la sainte. Or, voici son récit : « Je me promenais un jour, dit-il, dans la campagne, quand je vois venir à moi une femme qui m'était inconnue. Elle m'adresse la parole et me dit : « Est-il vrai que vous avez exposé, dans votre église, un tableau de sainte Philomène? — Oui, lui répondis-je, ce qu'on vous en a dit est vrai. — Mais, ajouta-t-elle, que savez-vous donc de cette Sainte? Peu de chose; nous n'avons pu, jusqu'à ce jour, savoir de son histoire que ce que nous en apprennent l'inscription et les symboles dépeints sur sa tombe; et je me mis à les lui expliquer. Elle me laisse achever; puis elle reprend avec vivacité : Vous n'en savez donc rien de plus? — Non, rien autre. — Il y a cependant tant d'autres choses à dire sur cette sainte! Quand le monde les entendra, il ne pourra revenir de son étonnement. Savez-vous du moins la cause de sa persécution et de son martyre? — Pas davantage. — Eh bien! je vais vous l'apprendre. Ce fut pour s'être refusée à la main de Dioclétien, qui la destinait à être son épouse; et le motif de son refus était le vœu qu'elle avait fait de rester toujours vierge pour l'amour de J.-C. » A ces mots, plein de joie comme quelqu'un qui vient d'entendre des nouvelles après lesquelles il soupirait depuis longtemps : « Vous ne me trompez pas, lui dis-je! Vous êtes bien certaine de ce que je viens d'entendre de votre bouche? Mais où donc l'avez-vous lu? car depuis plusieurs années nous sommes à chercher quelque auteur qui nous donne des détails sur cette sainte, et nos recherches ont été inutiles jusqu'à présent. Dites-moi, dans quel livre avez-vous puisé ce que vous venez de m'apprendre? — Dans quel livre? me répliqua-t-elle d'un ton où perçait je ne sais quelle surprise et quelle gravité; c'est bien à moi qu'il faut adresser une demande pareille! A moi!... Comme si je pouvais l'ignorer! Non, assurément, je ne vous trompe point, j'en ai l'assurance. Vous pouvez m'en croire : oui, je le sais, j'en suis certaine, croyez-moi. » Et en disant ces paroles, je la vis disparaître avec la rapidité d'un éclair. »

A cette narration, fidèlement traduite de l'auteur italien, j'ajoute quelques-unes de ses réflexions. L'inconnue, dit-il (et qui, à mon avis, n'est pas difficile à connaître), parle de la main de Dioclétien qui lui aurait été offerte par ce prince, ce qui suppose que le martyre de la sainte aurait eu lieu dans le temps que Dioclétien était veuf, ou qu'il était sur le point de l'être par la mort de son épouse sainte Sérène, qu'il fit périr avec sa propre fille, en haine de la foi que l'une et l'autre avaient embrassée. L'empereur se trouvait alors à Rome, où il condamna également à la mort, et à deux diverses reprises, le généreux saint Sébastien. Ces observations, suggérées par la révélation précédente, tendent à déterminer à peu près l'époque du martyre de sainte Philomène, et à réfuter l'objection que certains critiques ont faite, en se fondant sur le long séjour que Dioclétien fit en Orient.

La troisième révélation, qui est aussi la plus circonstanciée, est celle de la religieuse de Naples. Nous allons suivre pas à pas notre auteur.

La sainte martyre, dit-il, avait depuis longtemps donné à cette religieuse plusieurs marques sensibles d'une protection toute particulière; elle l'avait délitrée de tentations de défiance et d'impureté, par lesquelles Dieu avait voulu purifier davantage sa servante ; et à l'état pénible où les attaques de Satan l'avaient mise, elle avait fait succéder les douceurs de la joie et de la paix. Dans les communications intimes qui, aux pieds du crucifix, avaient lieu entre ces deux épouses du Sauveur, la sainte lui donnait des avis pleins de sagesse, tantôt sur la direction de la communauté, dont cette religieuse avait été chargée par ses supérieures, tantôt sur sa conduite personnelle. Ce dont elles conversaient le plus souvent ensemble, était le prix de la virginité, les moyens dont sainte Philomène s'était servie pour la conserver toujours intacte, même au milieu des plus grands périls, et les biens immenses qui se trouvent dans la croix et dans tous les fruits qu'elle porte.

Ces grâces extraordinaires, accordées à une âme qui, pénétrée de ses misères, s'en jugeait totalement indigne, lui firent craindre l'illusion. Elle recourait à la prière et à la prudence de ceux que Dieu lui avait donnés pour guides de sa conscience ; et pendant que ces sages directeurs soumettaient à un lent et judicieux examen les diverses faveurs dont le Ciel avait honoré cette religieuse, des révélations d'une autre nature lui sont faites par l'entremise de la même sainte ; elles tendaient toutes à rendre son nom plus glorieux.

La personne dont nous parlons avait dans sa cellule une petite statue de sainte Philomène, faite sur le modèle de son saint corps, tel qu'on le voit à Mugnano, et plus d'une fois toute la communauté avait remarqué avec admiration, sur le visage de cette même statue, des altérations qui leur semblaient tenir du prodige. Ceci leur avait inspiré à toutes le pieux désir de l'exposer dans leur église, en la fêtant avec la plus grande solennité possible. La fête eut lieu, et depuis lors la statue miraculeuse resta sur son autel. La bonne religieuse, les jours de communion, allait devant elle faire son action de grâces; et un jour qu'en son cœur il se formait un vif désir de connaître l'époque précise du martyre de la sainte, afin, se disait-elle, que ses dévots pussent l'honorer plus particulièrement, tout-à-coup ses yeux se ferment sans qu'elle pût, malgré tous ses efforts, les rouvrir, et une voix pleine de douceur, qui lui paraissait venir de l'endroit où était la statue, lui adresse ces mots : « Ma chère sœur, c'est le 10 du mois d'août que je mourus pour vivre et que j'entrai triomphante dans le Ciel, où mon divin Epoux me mit en possession de ses biens éternels, incompréhensibles à l'intelligence humaine. Aussi fut-ce pour cette raison que son admirable sagesse disposa tellement les circonstances de ma translation à Mugnano, que malgré les plans arrêtés du prêtre qui avait obtenu mes dépouilles mortelles, j'arrivai dans cette ville, non le 5 de ce mois, comme il l'avait fixé, mais le 10, et non pour être placée à petit bruit dans l'oratoire de sa maison, comme il le voulait aussi, mais dans l'église où l'on me vénère, et au milieu des cris de joie universelle, accompagnés de tant de circonstances merveilleuses, qui firent du jour de mon martyre un jour de véritable triomphe. »

Ces paroles, qui portaient avec elles des preuves de la vérité qui les avait dictées, renouvelèrent dans le cœur de la religieuse la crainte où elle avait déjà été de se voir dans l'illusion. Elle redouble ses prières, et supplie son directeur de la désabuser ; le moyen était facile. On écrit donc à don François lui-même, et tout en lui recommandant le secret sur ce qui avait eu lieu, on le conjure de répondre clairement sur les circonstances de la révélation qui avaient trait aux résolutions qu'il avait prises. Celui-ci les trouve parfaitement d'accord avec la vérité ; et sa réponse non-seulement console la religieuse affligée, mais anime encore ses directeurs à profiter, pour la gloire de Dieu et de sainte Philomène, du moyen qu'elle semblait leur indiquer, afin de mieux connaître les détails de sa vie et de son martyre.

Ils ordonnent donc à la même personne de faire, à cette fin, les plus vives instances auprès de la sainte ; et comme l'obéissance, ainsi que disent les livres saints, est toujours victorieuse, un jour qu'elle était dans sa cellule, en oraison pour obtenir cette grâce, ses yeux se fermant de nouveau malgré sa résistance, elle entend la même voix qui lui dit : Ma chère sœur, je suis fille d'un prince qui gouvernait un petit état dans la Grèce. Ma mère était aussi de sang royal ; et comme ils se trouvaient sans enfants, l'un et l'autre encore idolâtres offraient continuellement à leurs faux dieux, pour en avoir, des sacrifices et des prières. Un médecin de Rome, nommé Publius, aujourd'hui en paradis, vivait dans le palais, et était au service de mon père. Il faisait profession du christianisme. Voyant l'affliction de mes parents, et vivement touché de leur aveuglement, il se mit, par l'impulsion de l'Esprit-Saint, à leur parler de notre foi, et alla jusqu'à leur promettre une postérité, s'ils consentaient à recevoir le baptême. La grâce, dont ses paroles étaient accompagnées, éclaira leur entendement, triompha de leur volonté ; et, s'étant faits chrétiens, ils eurent le bonheur si désiré dont Publius avait promis que leur conversion serait le gage. On me donna, au moment de ma naissance, le nom de Lumena, par allusion à la lumière de la foi dont j'avais pour ainsi dire été le fruit, et le jour de mon baptême on m'appela Philomène, ou fille de la lumière (*Filia Luminis*), puisque ce jour-là je naissais à la foi. La tendresse que me portaient mon père et ma mère était si grande, qu'ils voulaient toujours m'avoir auprès d'eux. Ce fut la raison pour laquelle ils m'emmenèrent avec eux à Rome, dans un voyage que mon père se vit contraint d'y faire, à l'occasion d'une guerre injuste dont il se voyait menacé par l'orgueilleux Dioclétien. J'avais alors treize ans. Arrivée dans la capitale du monde, nous nous rendîmes tous les trois au palais de l'empereur, qui nous admit à son audience. Aussitôt que Dioclétien m'eut aperçue, ses regards s'attachèrent sur moi, et il parut ainsi préoccupé pendant tout le temps que mit mon père à lui développer avec chaleur ce qui pouvait servir à sa défense. Dès qu'il eut cessé de parler, l'empereur lui répondit qu'il n'eût plus à s'inquiéter, mais que, bannissant désormais toute crainte, il ne songeât plus qu'à vivre heureux. « Je mettrai, ajouta-t-il, à votre disposition toutes les forces de l'empire, et en retour je ne vous demande qu'une chose : c'est la main de votre fille. » Mon père, ébloui par un honneur auquel il était loin de s'attendre, accéda sur-le-champ bien volontiers à la proposition de l'empereur; et quand nous fûmes rentrés dans notre demeure, ils firent, ma mère et lui, tout ce qu'ils purent pour me faire condescendre à la volonté de Dioclétien et à la leur. « Quoi donc! leur dis-je, voulez-vous que pour l'amour d'un homme je manque à la promesse que j'ai faite à J.-C. il y a deux ans? Ma virginité lui appartient; je ne saurais plus en disposer. — Mais, me répondait mon père, vous étiez alors trop enfant pour contracter un tel engagement; » et il joignait les plus terribles menaces à l'ordre qu'il me donnait d'accepter l'offre de Dioclétien. La grâce de mon Dieu me rendit invincible, et mon père, n'ayant pu faire agréer à ce prince les raisons qu'il lui alléguait pour se dégager de la parole donnée, il se vit obligé, par son ordre, à me conduire devant lui.

J'eus à soutenir, quelques moments auparavant, un nouvel assaut de sa fureur et de sa tendresse. Ma mère, de concert avec lui, s'efforça de vaincre ma résolution. Caresses, menaces, tout fut employé pour me réduire. Enfin je les vois l'un et l'autre tomber à mes genoux et ils me disent, les larmes aux yeux : « Ma fille, aie pitié de ton père, de ta mère, de ta patrie, de nos sujets. — Non, non, leur répondis-je, Dieu et la virginité que je lui ai vouée, avant tout, avant vous, avant la patrie! Mon royaume, c'est le ciel. » Mes paroles les plongèrent dans le désespoir, et ils me conduisirent devant l'empereur, qui fit tout ce qui était en son pouvoir pour me gagner; mais ses promesses, ses séductions et ses menaces furent également inutiles. Il entre alors dans un violent accès de colère, et, poussé par les démons, il me fait jeter dans une des prisons de son palais, où bientôt je me vois couverte de chaînes. Croyant que la douleur et la honte affaibliraient le courage que m'inspirait mon divin Époux, il venait me voir tous les jours, et alors, après m'avoir fait détacher pour que je prisse le peu de pain et d'eau qu'il me donnait pour toute nourriture, il commençait ses nouvelles attaques, dont quelques-unes, sans la grâce de mon Dieu, pouvaient devenir funestes à ma virginité. Les défaites qu'il éprouvait toujours étaient pour moi le prélude de nouveaux supplices; mais la prière me soutenait; je ne cessais de me recommander à mon Jésus et à sa très pure Mère. Ma captivité durait depuis trente-sept jours, quand, au milieu d'une lumière céleste, je vois Marie tenant son divin Fils dans ses bras. « Ma fille, me dit-elle, encore trois jours de prison, et après ces quarante jours, tu sortiras de cet état pénible. » Une si heureuse nouvelle me faisait battre le cœur de joie; quand la Reine des Anges m'eut ajouté que j'en sortirais pour soutenir, dans d'affreux tourments, un combat plus terrible encore que les précédents, je passai de la joie aux plus cruelles angoisses; je crus qu'elles allaient me faire mourir. « Courage donc, ma fille, me dit alors Marie; ignores-tu l'amour de prédilection que j'ai pour toi ? Le nom que tu reçus au baptême en est le gage, par la ressemblance qu'il a avec celui de mon

Fils et avec le mien. Tu t'appelles Lumena, comme ton Epoux s'appelle Lumière, Etoile, Soleil ; comme je suis appelée, moi aussi, Aurore, Etoile, Lune dans la plénitude de son éclat, et Soleil. Ne crains pas, je t'aiderai. Maintenant la nature, dont la faiblesse t'humilie, revendique ses droits ; au moment du combat, la grâce viendra te prêter sa force ; et ton ange, qui fut aussi le mien, Gabriel, dont le nom exprime la force, viendra à ton secours ; je te recommanderai spécialement à ses soins, comme ma fille bien-aimée entre les autres. » Ces paroles de la Reine des vierges me rendirent le courage, et la vision disparut, en laissant ma prison remplie d'un parfum tout céleste.

Ce qui m'avait été annoncé ne tarda point à se réaliser. Dioclétien, désespérant de me fléchir, prit la résolution de me faire tourmenter publiquement, et le premier supplice auquel il me condamna fut celui de la flagellation. Puisqu'elle n'a pas honte, dit-il, de préférer à un empereur tel que moi un malfaiteur condamné par sa nation à une mort infâme, elle mérite que ma justice la traite comme il fut traité. Il ordonna donc que l'on me dépouillât de mes vêtements, qu'on me liât à une colonne, et en présence d'un grand nombre de gentilshommes de sa cour, il me fit battre avec tant de violence, que mon corps tout sanglant n'offrait plus qu'une seule plaie. Le tyran, s'étant aperçu que j'allais tomber en défaillance et mourir, me fit aussitôt éloigner de ses yeux et traîner de nouveau en prison, où il croyait que je rendrais le dernier soupir. Mais il fut trompé dans son attente, comme je le fus dans le doux espoir que j'avais d'aller bientôt rejoindre mon Époux. Car deux anges resplendissants de lumière m'apparurent, et versant un baume salutaire sur mes plaies, ils me rendirent plus vigoureuse que je ne l'étais avant le tourment. Le lendemain matin, l'empereur en fut informé : il me fait venir en sa présence, me considère avec étonnement, puis cherche à me persuader que je suis redevable de ma guérison au Jupiter qu'il adore. Il vous veut absolument, disait-il, impératrice de Rome ; et joignant à ces paroles séduisantes les promesses les plus honorables et les caresses les plus flatteuses, il s'efforçait de consommer l'œuvre d'enfer qu'il avait commencée ; mais le divin Esprit, auquel j'étais redevable de ma constance, me remplit alors de tant de lumières, qu'à toutes les preuves que je donnai de la solidité de notre foi, ni Dioclétien, ni aucun de ses courtisans ne trouvèrent quoi que ce soit à répondre. Il entre alors de nouveau en fureur, et commande que l'on m'ensevelisse, avec une ancre au cou, dans les eaux du Tibre. L'ordre s'exécute ; mais Dieu permit qu'il ne put réussir ; car au moment où l'on me précipitait dans le fleuve, deux anges vinrent encore à mon secours, et après avoir coupé la corde qui m'attachait à l'ancre, tandis que celle-ci tombait au fond du Tibre, où elle est restée jusqu'à présent, ils me transportèrent doucement, à la vue d'un peuple immense, sur les bords du fleuve. Ce prodige opéra d'heureux effets sur un grand nombre de spectateurs, et ils se convertirent à la foi ; mais Dioclétien, l'attribuant à quelque secret magique, me fit traîner à travers les rues de Rome, et ordonna ensuite que l'on décochât contre moi une grêle de traits. J'en étais toute hérissée ; mon sang coulait de toutes parts ; épuisée, mourante, il commande qu'on me rapporte dans mon cachot. Le Ciel m'y honore d'une nouvelle grâce. J'entrai dans un doux sommeil, et je me trouvai, à mon réveil, parfaitement guérie. Dioclétien l'apprend. Eh bien ! s'écria-t-il alors dans un accès de rage, qu'on la perce une seconde fois de dards aigus, et qu'elle meure dans ce supplice. » On s'empresse de lui obéir. Les archers bandent leurs arcs, rassemblent toutes leurs forces ; mais les flèches se refusent à les seconder. L'empereur était présent, il enrageait à ce spectacle, il m'appelait une magicienne, et croyant que l'action du feu pourrait détruire l'enchantement, il ordonne que les dards soient rougis dans une fournaise, et dirigés ensuite une seconde fois contre moi. Ils le furent en effet ; mais ces dards, après avoir traversé une partie de l'espace qu'ils devaient parcourir, prenaient tout-à-coup la direction contraire, et volaient frapper ceux qui les avaient lancés. Six des archers en moururent, plusieurs d'entre eux renoncèrent au paganisme, et le peuple se mit à rendre un témoignage public à la puissance du Dieu qui m'avait protégée. Ces murmures et ces acclamations firent craindre au tyran quelque accident, plus fâcheux encore, et il se hâta de terminer mes jours, en ordonnant que l'on me tranchât la tête. Ainsi mon âme s'envola-t-elle vers son céleste Époux, qui, avec la couronne de la virginité et les palmes du martyre, me donna un rang distingué parmi les élus qu'il fait jouir de sa divine présence. Le jour, si heureux pour moi, de mon entrée dans la gloire, fut un vendredi, et l'heure de ma mort, la troisième après midi (c'est-à-dire la même qui vit expirer mon divin Maître). »

Telle est, d'après cette révélation, l'histoire du martyre de sainte Philomène. Le lecteur n'y voit rien que de pieux, de saint, d'édifiant; il y trouve aussi des preuves non suspectes de la vérité des faits qu'elle contient. Peut-être même se dit-il, en pensant aux miracles nombreux et éclatants qui ont rendu le nom de la sainte martyre si célèbre dans le monde, qu'il était convenable que le Seigneur en manifestât, du moins en partie, les mérites. Les fidèles, par ce moyen, sont plus édifiés; la gloire de Dieu, ainsi que la vertu qu'il honore dans sainte Philomène, recueillent avec plus d'abondance les fruits dont elles ont toujours aimé à être la semence. Mais, puisqu'il avait plu à la divine Sagesse de ne laisser dans les monuments historiques aucune trace de tant de générosité et d'héroïsme, par quel autre moyen que par celui de la révélation pouvait-elle ou avait-elle voulu en donner connaissance à notre siècle? A notre siècle! ce mot renferme bien des pensées. C'est le siècle de l'orgueil, le siècle de l'incrédulité, le siècle où l'on veut soumettre aux fausses lumières d'une raison égarée les pensées mêmes et la conduite de Dieu. Pour ce siècle, la Sagesse divine et cette Providence si admirable dans la variété de ses combinaisons, n'est qu'une folie, un mot; il tourne en ridicule la simplicité éclairée de la foi, il traite tout ce qui tient à l'ordre surnaturel de superstition et de fable; il se joue des croyances, il méprise la sainteté, il dévoue à sa haine ceux que Dieu a chargés de l'instruire. La lumière toutefois, destinée à éclairer le monde, ne laisse jamais de briller. Si ces ingrats ne veulent point en profiter, qu'ils ferment les yeux, ils en sont bien les maîtres; quoique, à vrai dire, s'ils les tenaient ouverts pour fixer les œuvres de Dieu, leur front ne pourrait s'empêcher de rougir en voyant ce que fait sa puissance et de quels instruments il se sert pour la manifester. Une femme! une vierge inconnue! Toute sorte de prodiges opérés par son invocation! opérés en faveur de ceux-là même qu'eux persécutent et méprisent! opérés au sein de l'Eglise romaine, dont ils rendent les pratiques plus recommandables, les sacrements plus fréquentés, les ministres plus vénérables, le nom, la foi, la doctrine plus chers au cœur de ses enfants! Quelle humiliation pour eux! Est-ce donc là le fruit de leurs sourdes et éternelles manœuvres, de leurs infâmes écrits, devenus presque aussi nombreux que les sables des mers, et des énormes sacrifices pécuniaires que leur impose le zèle de leur impiété? Il me semble voir Goliath, frappé au front par une pierre du torrent, se rouler en expirant aux pieds de David, qui lui tranche la tête; ou plutôt c'est l'orgueilleux Holopherne, égorgé dans son ivresse par la débile main d'une femme; et tandis que Nabuchodonosor, image de Satan, comme son général l'est de la vile tourbe que Satan dirige, pâlit et chancelle sur son trône à la nouvelle de l'échec que son invincible armée a essuyé, les fidèles, figurés par les Juifs de Béthulie, font retentir le ciel de cris d'actions de grâces et de victoires et bénissent à l'envi la nouvelle Judith dont le bras puissant les a sauvés. Non, Dieu ne pouvait choisir dans ses trésors infinis un moyen plus propre que celui-ci à confondre l'orgueil du siècle et à faire triompher sa propre cause.

III — TRANSLATION DU CORPS DE SAINTE PHILOMÈNE A MUGNANO.

Nous avons dit que le corps de notre sainte était resté à Rome, dans un état d'obscurité, jusqu'à l'année 1805. Voici comment la divine Providence l'en tira pour le glorifier.

Don François de Lucia, zélé et saint missionnaire d'Italie, vint de Naples à Rome avec don Barthélemy de Césarée, choisi par le Saint-Siège pour gouverner le diocèse de Potenza. Il désirait vivement obtenir, pour sa chapelle domestique, un corps saint, de nom propre, et l'évêque de Potenza l'ayant secondé dans les instances qu'il fit pour cela, on l'introduisit, un peu après son arrivée, dans la salle où se trouvaient réunis tous ces précieux dépôts, afin qu'il pût arrêter lui-même son choix. Quand il fut en présence des ossements de la sainte martyre, il éprouva, comme il le raconte lui-même, une joie subite et tout extraordinaire, qui, éclatant en même temps sur son visage, fut remarquée avec étonnement par monseigneur Ponzetti, custode des saintes reliques. Tous ses vœux se portèrent dès lors sur ces ossements sacrés, qu'il préférait irrésistiblement à tous les autres, sans pouvoir s'en expliquer le motif. Il n'osait cependant encore manifester son choix, dans la crainte d'un refus, quand on vint lui dire, de la part du custode, que, s'étant aperçu de sa prédilection pour sainte Philomène, il consentait volontiers à la lui céder; et l'on ajouta ces paroles remarquables : « Monseigneur est persuadé que la sainte veut aller dans votre patrie, où elle fera de grands miracles. »

Cette nouvelle remplit de consolation l'âme du respectable missionnaire, et il ne songea qu'au moyen de transporter le saint corps. On devait le lui remettre le jour même; mais comme ce jour et les deux autres qui suivirent, se passèrent sans voir s'effectuer la promesse qu'on lui avait faite, il commença à craindre que le custode ne le lui refusât. C'était en effet une chose peu usitée à Rome, de donner à un particulier des corps saints tout entiers, de nom propre surtout, parce qu'à cette époque les excavations annuelles en fournissaient très peu de ce genre, et par ce motif on ne les cédait qu'à des évêques ou à des églises. Monseigneur Ponzetti fit donc dire à don François qu'il lui était impossible d'accéder à ses désirs, et en même temps il lui offrait le choix de l'un des douze corps sans nom dont on lui présenta la liste.

Don François se vit alors dans un grand embarras, tant à cause des préparatifs qu'il avait faits pour la sainte, des lettres qu'il avait écrites là-dessus à Naples et à Mugnano, et de plusieurs autres circonstances qu'il est inutile de rapporter ici, qu'à cause de la perplexité dont il se sentait saisi, lorsqu'il voulait songer à porter son choix sur un autre que sur sainte Philomène... O Providence de mon Dieu, que tu es admirable dans le secret de tes voies!... Ces difficultés, et bien d'autres encore, ne devaient servir qu'à faire connaître plus clairement la volonté divine par rapport à la destination de ce saint corps, et à le glorifier davantage. Car, peu après, sans que notre missionnaire osât même y penser, il en devint d'abord le dépositaire, puis le maître.

Une seule chose restait donc à faire : c'était de le transporter d'une manière convenable; et il fut arrêté, entre l'évêque de Potenza et don François, qu'on mettrait les caisses où étaient répartis les saints ossements dans le lieu le plus honorable de la voiture, pour que leur présence sensible excitât plus puissamment leur dévotion, et servît d'aliment au culte qu'ils se proposaient de lui rendre pendant le voyage. Ils partent donc; mais la préoccupation où ils se trouvaient l'un et l'autre, au moment du départ, les empêcha de songer à leur première détermination ; et les personnes chargées de disposer tout dans leur chaise de poste mirent les saintes reliques dans le caisson sur lequel monseigneur de Potenza devait s'asseoir. Ils sortaient ainsi de la ville sainte, quand l'évêque se sent fortement frapper sur les jambes; sa douleur en fut d'autant plus vive, qu'elles étaient alors malades à cause d'une surabondance d'humeurs qui s'y étaient portées. Il se lève en sursaut, et, sans trop réfléchir, il se plaint au conducteur du mauvais arrangement des caisses, qui, dit-il, viennent heurter violemment ses jambes. « Mais comment, lui réplique celui-ci, la chose est-elle possible? Monseigneur voit bien que les caisses dont il me parle sont enfermées dans le caisson, et que par conséquent, elles ne sauraient l'incommoder. » Puis, montant dans la chaise de poste, et relevant les planches qui étaient au-dessus de la sainte relique, on lui montre la disposition de ces mêmes caisses, dont la vue suffit pour lui en attester l'immobilité. On se remet donc en marche; mais de nouveaux coups se font sentir avec la même force et avec de plus cuisantes douleurs; ce qui fait réitérer au prélat les mêmes plaintes; et il ordonne que sur-le-champ on mette ailleurs ces caisses, au mouvement desquelles il persiste à attribuer ce qu'il éprouve de souffrances. On se disposait à lui obéir, quand, faisant lui-même réflexion que ses jambes étaient trop éloignées du caisson pour que la secousse des objets qu'il renfermait pût se faire sentir à elles, il suspend l'exécution et se rassied. Alors les heurtements et les douleurs, pour la troisième fois, reviennent avec plus de violence, et le prélat, obligé enfin de céder, fait sortir les caisses : « Dussé-je, ajouta-t-il, les porter dans mes bras jusqu'au terme de mon voyage... » On les plaça donc sur le devant de la voiture, et dès ce moment-là le prodige cessa. Ni l'évêque, ni son compagnon de voyage, ni les personnes de leur suite, ne pénétrèrent d'abord cet accident mystérieux; ces derniers, au contraire, jugeaient les plaintes du prélat et la cause à laquelle il attribuait ses douleurs tout-à-fait déraisonnables; mais quand ils vinrent à réfléchir sur les diverses circonstances de ce singulier événement, et surtout quand ils se rappelèrent la promesse faite par eux à la sainte la veille du départ, ils ne purent voir autre chose, dans ce qui était arrivé, que le doigt de Dieu et le juste châtiment d'une infidélité irréfléchie. Aussi s'en humilièrent-ils, et l'évêque, la tête découverte, les larmes aux yeux, demanda-t-il pardon à la sainte dont, à plusieurs reprises, il baisait les dépouilles sacrées avec les sentiments d'une vive tendresse et du respect le plus profond.

Je ne parlerai pas d'un grand danger que nos voyageurs coururent, et qui faillit, dans le trajet de Cessa à Capoue, leur coûter la vie. Ils attribuèrent leur conservation aux prières de sainte Philomène, et, sur leur témoignage, on croit ce nouveau miracle bien facilement. Il me tarde d'arriver avec eux à Naples, où ils firent les préparatifs de la seconde translation.

L'heureux Abinadab choisi par la Providence pour recevoir dans sa maison l'arche sainte qui contenait les ossements de la vierge martyre, fut don Antoine Terrès, et il eut, comme nous le verrons, une part très ample dans les bénédictions que Dieu commença peu après à répandre sur tous les dévots de sainte Philomène. Ce fut dans la chapelle de cette maison que l'on procéda à l'ouverture des caisses; et après toutes les formalités d'usage en ces sortes de cérémonies, on s'occupa de ranger les ossements chacun à leur place; on les couvrit ensuite d'un corps de femme, fait en papier mâché, dont le vide était rempli par les restes vénérables de la sainte. Les vêtements dont on l'orna, sans être riches ni précieux, avaient, dans leur simplicité, quelque chose d'élégant et de noble; mais, comme don François lui-même le fait remarquer, pour que plus tard on saisît mieux les prodiges dont ce même corps fut, pour ainsi dire, le théâtre, cette élégance ne pouvait cacher bien des défauts qui, par l'inhabileté des ouvriers, déparaient la physionomie, le coloris et l'attitude même de la Sainte.

Lorsque tout fut achevé, et la vierge placée dans la châsse qu'on lui avait préparée, on en ferma la porte avec grand soin, et l'autorité ecclésiastique y apposa ses sceaux. Dès lors commença le culte public de la Sainte. Vu la multitude des fidèles qui venait de toutes parts rendre ses hommages au saint dépôt, et qu'une chapelle trop étroite ne pouvait contenir, on le transporta dans une église de Naples, où, pendant trois jours consécutifs, il resta exposé sur l'autel de Notre-Dame-des-Grâces... De Notre-Dame-des-Grâces !... Nouvelle preuve de ce que dit saint Bernard, que Dieu nous fait passer tous ses dons par les mains de Marie; et heureux présage des bienfaits que Marie, par l'entremise de sainte Philomène, allait répandre sur le monde!
— Le concours était grand, la ferveur n'était pas moindre, et néanmoins, au grand étonnement des fidèles, qui s'attendaient à voir s'opérer quelque miracle, les trois jours se passèrent sans aucun événement remarquable. On se demandait d'où pouvait donc provenir ce silence du Ciel, et cette inaction de la nouvelle sainte. On le sut plus tard, quand la puissance de Dieu, commençant à se manifester, non dans la même église, mais dans l'oratoire de

la famille Terrès, où l'on reporta le saint Corps, le curé de Saint-Ange, son clergé et son peuple, dirent hautement que, s'il s'était fait un seul miracle dans l'église, tous de concert auraient uni leurs instances pour que sainte Philomène n'en sortît plus. L'absence de tout miracle fut donc un vrai miracle, et en même temps un signe de la volonté de Dieu, qui avait résolu de faire ce précieux don à la petite ville de Mugnano, par préférence à l'opulente et populeuse cité de Naples. On sera moins étonné de ce que je viens de dire, en voyant les prodiges commencer presque aussitôt que le saint Corps entra dans la petite chapelle. D'abord la famille hospitalière des Terrès obtint la guérison de madame Angèle Rose, femme de don Antoine. Depuis douze ans elle souffrait d'une maladie incurable; les prières qu'elle fit à la Sainte l'en délivrèrent totalement, et, en reconnaissance, elle lui offrit un riche calice. Le second miracle s'opéra sur un avocat, nommé D. Michel Ulpicella, retenu depuis six mois dans sa chambre par une sciatique dont nul remède ne pouvait le débarrasser. S'étant fait transporter à la chapelle, il en sortit parfaitement guéri. — Une dame distinguée fut l'objet du troisième. Il s'était formé sur sa main un ulcère où bientôt l'on aperçut les signes de la gangrène, et l'on se disposait à la lui couper, quand on lui apporte une relique de sainte Philomène. Elle la met le soir au-dessus de la plaie, et le lendemain matin, le chirurgien, voulant faire l'amputation de la partie malade, trouve que la gangrène a disparu.

Ainsi préludait notre THAUMATURGE, que nous

allons suivre maintenant jusqu'à Mugnano, en recueillant les particularités les plus intéressantes de cette seconde translation.

Deux hommes robustes de la même ville étaient venus à Naples pour emporter le saint dépôt. Ils annoncèrent que leurs compatriotes attendaient avec impatience l'arrivée du trésor dont le Ciel allait les enrichir, et l'on se hâta de les satisfaire. Pour consoler la bonne dame Terrès, et la récompenser à la fois de son hospitalité, don François lui remit les clefs de la châsse, et, suivi des regrets et des larmes de la pieuse famille, il partit pour Mugnano, où le Seigneur, par une grâce signalée, venait de préparer tous les cœurs à recevoir sainte Philomène comme une médiatrice puissante auprès de lui. Depuis plusieurs mois la terre souffrait d'une grande sécheresse. Lorsqu'au milieu du jour qui précédait l'arrivée du saint Corps, le peuple eut entendu le bruit joyeux des cloches de toutes les églises, il se disait, en tressaillant d'allégresse et d'espoir : Oh! si cette nouvelle Sainte voulait ajouter à la vénération et à l'amour que nous sentons déjà pour elle, il y aurait un moyen bien sûr et bien facile : ce serait de nous envoyer une pluie abondante pour arroser nos champs. Les cloches n'avaient point fini de sonner que la pluie désirée tombait sur tout le territoire de Mugnano, et de toutes parts l'on s'écriait, dans de vifs transports de joie : Vive Dieu! vive la Sainte!

Elle s'avançait de son côté, mais non sans quelques obstacles. L'un des deux porteurs était tombé malade la veille du départ, et il se traînait avec peine à la suite des autres, sans pouvoir les aider ; quand don François lui dit : « Courage donc, mon ami ; aie confiance en la Sainte ; prends ta part de la charge, et tu seras guéri. » Ce bon paysan obéit, et sur-le-champ la douleur et la faiblesse ont disparu ; il a repris ses forces, et, plein d'une religieuse gaîté, il marche sous le poids en répétant presque à chaque pas : « Oh! comme la Sainte est légère! elle ne pèse pas plus qu'une plume. » Il disait vrai. Don François, ayant eu la dévotion de la porter quelque temps, fut surpris de cette même légèreté, et il la regarda comme un prodige.

Cependant le ciel s'obscurcissait de plus en plus ; il menaçait d'un déluge d'eau nos pauvres voyageurs, qui n'avaient pour s'en défendre que la protection de la Sainte. Ils étaient partis de Naples le soir, et comptant sur la clarté de la lune, il n'avaient pris aucun moyen d'éclairer leur marche en cas de besoin. Dieu le permit ainsi pour la gloire de sa servante ; car, tandis que l'escorte pieuse l'invoquait avec ferveur, une colonne de lumière se forma tout-à-coup dans l'air ; la partie inférieure vint reposer sur la châsse, où elle se tint constamment fixée jusqu'au jour, et la supérieure, s'étendant jusqu'à la hauteur du ciel, découvrit l'astre de la nuit et un certain nombre d'étoiles qui semblaient lui former une ceinture.

La joie qu'excita dans tous les cœurs cette merveille fut un peu troublée par le changement presque subit qui s'opéra dans le poids, auparavant si léger, de la châsse de sainte Philomène. On était sur le point de traverser un bourg de l'antique Nole, appelé Cimitilé, fameux par le martyre de saint Janvier et de ses compagnons. Les porteurs commencent à se plaindre, à gémir sous la charge dont ils se disent accablés. Plus ils approchent du bourg, plus elle devient lourde; ils s'arrêtent presque à chaque instant. Don François, avec des paroles pleines de foi, cherche à ranimer leur courage. Ils s'efforcent d'aller encore en avant; mais arrivés au milieu de Cimitilé, ils protestent de l'impossibilité où ils se voient de poursuivre la route, et en même temps ils montraient leurs épaules enflées et meurtries. Que faire? l'embarras du zélé missionnaire était grand; minuit sonnait : où trouver, à cette heure-là, un secours devenu nécessaire? Attendre jusqu'à l'aurore était un parti qui allait déranger tous les plans et gâter l'appareil de la fête. Il fallait donc mettre son espérance en Dieu, et tâcher d'avancer encore le plus possible. On se ranime, on s'arrête de nouveau. Enfin paraissent quelques habitants de Mugnano; ils se joignent aux porteurs épuisés; mais bientôt tant de bras et tant d'efforts deviennent inutiles. La prodigieuse pesanteur a cessé, et l'on entend aux plaintes succéder ce cri de joie : Miracle! miracle! la châsse a recouvré sa première légèreté; et oubliant leur horrible fatigue, ces bons paysans se mettent à courir, en criant mille fois : Vive Dieu! vive la Sainte! elle est aussi légère qu'une plume.

Déjà l'aurore blanchissait l'horizon ; les habitants de Mugnano arrivaient par petites troupes ; l'écho répétait leurs chants pieux, et l'on voyait une multitude d'enfants, avec des rameaux d'olivier à la main, sauter de joie autour de la châsse, jeter en l'air leurs chapeaux et leurs mouchoirs, et répéter incessamment le cri de *vive la Sainte!* Ainsi commençait ce jour de triomphe. Ce n'était pas de Mugnano seulement, mais de tous les pays voisins, que la foule accourait au-devant du saint Corps; elle devint en peu de temps si considérable, qu'il fallut s'arrêter et contenter sa dévotion en le lui montrant. L'on se trouvait alors auprès d'une maison de campagne; il y avait là une assez grande cour; la multitude s'y précipite, et don François se hâte de satisfaire ses pieux désirs. Mais à l'instant même où il découvrait le saint Corps, et que le peuple, ravi d'admiration, s'écriait, à l'aspect des précieuses Reliques : Ciel! qu'elle est donc belle!... quelle beauté de paradis!... voilà tout-à-coup un horrible ouragan qui se forme; il fond avec impétuosité sur la cour où était entassée l'immense multitude, et au milieu de l'épouvante qu'il cause et des cris qui résonnent de tous côtés : Dieu, Dieu, miséricorde! Sainte, aie pitié de nous!... il se dirige sur la châsse elle-même, et menace de la renverser. Mais bientôt la consolation a pris la place de la crainte; l'ouragan est repoussé comme par une main invisible, et il va expirer sur une montagne voisine dont quelques arbres sont déracinés. Etait-ce le démon qui, par un ciel serein, avait formé cette tempête pour détruire, s'il avait pu, dans ses fondements, l'édifice de gloire que Dieu se préparait dans sainte Philomène? Don François le dit alors clairement à ce bon peuple, et nous le croyons avec lui. Quoi qu'il en soit, cet accident extraordinaire ajouta un nouvel éclat à la pompe de ce beau jour.

La procession continua ensuite sa marche au milieu d'une foule qui allait toujours croissant, et, arrivée à Mugnano, elle se dirigea vers l'église de Notre-Dame-des-Grâces, où l'on exposa le saint Corps sur le grand tautel.

La solennité devait avoir lieu le lendemain, 11 du mois d'août. Ce jour était un dimanche; aussi vit-on accourir de tous les pays environnants une multitude de personnes de tout sexe et de tout âge, dont l'église se remplissait à chaque instant; ils venaient pour voir et vénérer la nouvelle Sainte, dont ils espéraient que le Seigneur glorifierait le nom par quelque miracle. On entendit ces villageois se demander les uns aux autres, dans la simplicité de leur foi : Mais notre Sainte, quand est-ce donc qu'elle fera des miracles? Déjà le Ciel leur avait répondu; car, la nuit même de l'entrée de sainte Philomène, un d'eux, nommé *Ange Bianco*, qu'une goutte cruelle tenait au lit depuis plusieurs mois, apprenant l'arrivée du saint Corps, fit vœu de l'accompagner à la proccession, s'il se voyait délivré de ses douleurs. Il sembla d'abord que sa prière n'était point exaucée; jamais il n'avait tant souffert qu'en ce moment. Mais à peine a-t-il entendu le son des cloches, qu'il s'élance avec une foi vive hors de son lit; le mal résiste encore, mais ne l'empêche point de s'habiller. Sa confiance augmente; il lutte contre ses douleurs, fait quelques pas, et lorsqu'il entrait dans la place, le mal s'était entièrement dissipé, au grand étonnement de tous ceux qui avaient été témoins de ses longues et pénibles souffrances. Cette guérison miraculeuse ne suffisait point à l'impatience pieuse qu'avaient ces bonnes gens de voir leur Sainte glorifiée, et il semble que leurs désirs venaient du Ciel; car il ne tarda pas à les accomplir, au-delà même de toute espérance.

Le jour de l'octave de la Translation, pendant la messe solennelle, en présence de la foule qui y assistait, on voit tout-à-coup un enfant, âgé d'environ dix ans, se lever du milieu de l'église, et traversant la multitude, venir auprès de la châsse, où il remercie sa bienfaitrice. Le voir et crier au miracle, fut une seule et même chose; sa mère surtout, pauvre veuve, qui l'avait apporté dans ses bras, et qui, pendant toute la messe, jusqu'au moment de l'élévation, où le prodige s'opéra, n'avait cessé de prier la Sainte avec ferveur, élevait sa voix reconnaissante au-dessus de toutes celles qui glorifiaient Dieu et sainte Philomène. L'enfant était tellement estropié qu'il ne pouvait ni marcher ni même se tenir sur ses pieds; tout le village le vit, aussitôt après la messe, aller, venir dans les rues et sur les places, annonçant la merveille dont il avait été l'objet, à laquelle tous rendaient témoignage, soit en se précipitant vers lui pour le féliciter, soit en faisant retentir les airs de mille joyeuses acclamations.

Le miracle opéré pendant la sainte messe, attira aux vêpres une telle affluence de monde, que l'église ne put suffire à la contenir; un grand nombre s'étaient arrêtés en dehors de la porte; et là se trouvait une femme du village d'Avella, tenant entre ses bras une petite fille d'environ deux ans, que la petite vérole avait rendue aveugle. Les médecins les plus célèbres de la capitale avaient été consultés : ils jugeaient le mal incurable; mais la mère affligée, sachant que les choses impossibles à l'homme sont possibles à Dieu, ne désespérait pas de la guérison de sa fille. Elle accourt à Mugnano; et quoique les passages pour arriver à la Sainte parussent fermés, pour la raison que nous venons de dire, elle parvient néanmoins à se faire jour, et se trouve enfin auprès de la châsse. Aussitôt, animée d'une foi vive, elle prend de l'huile de la lampe qui brûlait devant sainte Philomène, elle en oint les yeux de son enfant, et la petite incurable est sur-le-champ guérie. A ce miracle, nouveaux cris de joie, nouveau tumulte produit par l'allégresse et la reconnaissance; le peuple qui est hors de l'église fait écho à celui qui se trouvait dedans; le prédicateur (car tout ceci avait lieu pendant le sermon), don Antonio Vetrano, ne peut plus faire entendre sa voix; et comme tous demandaient à grands cris qu'on leur montrât l'enfant qui venait d'être guérie, un prêtre la prend dans ses mains, et, monté sur une balustrade, il la présente aux regards du peuple, qui, dans son admiration, élève jusqu'au ciel la puissance de Dieu et la gloire de sa Servante.

Il y eut encore, les jours suivants, un grand nombre de semblables prodiges, dont nous parlerons un peu plus bas. Nous allons maintenant dire un mot de l'érection de la chapelle de la Sainte.

L'intention de Don François n'était pas d'abord de laisser notre Thaumaturge dans l'église de Notre-

Dame-des-Grâces. Il la destinait, comme nous l'avons dit, à l'oratoire privé qu'il avait dans son habitation. Mais tant d'œuvres merveilleuses, opérées depuis son arrivée à Mugnano, lui firent comprendre que telle n'était pas l'intention du Très-Haut. Il se détermina donc volontiers au sacrifice que la divine Providence lui imposait, et s'occupa désormais uniquement de lui ériger, dans cette même église, un autel où la Sainte pût recevoir les hommages de ses dévots. Cet autel fut élevé peu de temps après : on le plaça dans l'une des chapelles de l'église; mais sa simplicité contrastait un peu, et avec la célébrité de la Vierge Martyre, et avec la grandeur des miracles dont le Seigneur se plaisait à l'honorer. Je ne veux point par là faire un reproche aux bons habitants de Mugnano ; ils étaient pauvres, ainsi que la plupart des personnes à qui la sainte départait ses faveurs. Leurs aumônes, considérables eu égard à leurs médiocres revenus, suffisaient à peine, surtout pendant les troubles d'Italie, à l'entretien journalier du culte de la Sainte. Ils ne pouvaient par conséquent que former le désir de voir son sanctuaire embelli d'une manière plus convenable; Dieu les exauça, et il se servit à cette fin d'un de ces événements regardés par les hommes comme des événements ordinaires, mais qui, dans les pensées de Dieu, ont pour but la manifestation de sa gloire, et du crédit que les Saints ont auprès de lui.

Un célèbre avocat de Naples, nommé Alexandre Serio, avait depuis longtemps une grande dévotion à sainte Philomène, et sa femme la partageait avec lui. Comme ils avaient de riches domaines dans le territoire de Mugnano, ils y vinrent en l'année 1814, précisément à l'occasion de la fête qui, chaque année, se célébrait le jour de la translation. Don Serio souffrait, depuis bien des années, d'un mal interne qui allait le consumant. Sa femme était vivement affligée; mais espérant tout de la médiation de sainte Philomène, elle lui adressait et lui faisait adresser de ferventes prières, pour obtenir la guérison de son mari. Le jour de la fête, pendant lequel ses instances redoublèrent, et sa confiance aussi était sur le point de finir, lorsque la bénédiction du T.-S. Sacrement ayant été donnée, don Alexandre, alors à l'église avec sa femme, fut attaqué de violentes douleurs d'entrailles qui firent craindre pour ses jours. On se hâta de l'emporter chez lui, et le mal fit en peu d'heures un progrès si rapide et si alarmant, que l'on désespérait de sa vie. Son état ne lui permettait pas même de se confesser. Accablée de douleur, sa pauvre épouse ne pouvait s'empêcher de s'écrier . C'est donc là, ô sainte Philomène, la grâce que vous m'avez obtenue !... Puis, par une inspiration de sa foi, saisissant une image de la Sainte, qu'elle trouve sous sa main, elle la jette sur le corps du moribond, en demandant la grâce de le voir au moins, avant d'expirer, muni des sacrements de l'Eglise. Un vœu suivit cette prière. Elle s'engagea, au nom de son mari, à faire construire un autel de marbre dans la chapelle de sainte Philomène. Au même instant, le malade recouvre l'usage de ses sens et de ses facultés intellectuelles. Il proteste qu'il est hors de danger, se confesse avec beaucoup d'édification, et la confession achevée, il se trouve sans douleurs, et sans les symptômes ordinaires du mal qui le tourmentait depuis si longtemps.

Là grâce avait été obtenue; la promesse s'accomplit; les deux époux allèrent même au-delà de leur engagement; et depuis lors, le sanctuaire, si célèbre aujourd'hui, de la grande Sainte, offre à la foule des pèlerins qui le visitent un spectacle plus consolant pour leur dévotion. Une chose surtout attire leurs regards, et excite leur étonnement. C'est la grande table de marbre qui couvre l'autel, et où l'on voit encore les vestiges d'un miracle. L'ouvrier, en promenant dessus son ciseau, pour l'adapter à sa place, la fendit presqu'en entier dans sa largeur. Il y avait là un assez grand nombre de personnes, et l'on peut bien penser quelles plaintes s'élevèrent d'une part, et quelle confusion de l'autre. Le sculpteur était cependant très habile dans son art. Mais enfin l'humiliation ne pouvant s'éviter, il s'agissait, en attendant mieux, de réparer la brèche, et c'est ce dont il s'occupa. Elle était, à l'extrémité, large de plus d'un doigt; il s'efforça de rejoindre les deux lèvres de cette ouverture, au moyen d'une plaque de fer; et, cela fait, il remplissait de ciment toute la longueur de la fente, quand *le doigt de la Sainte,* par un prodige inouï, accompagnant la main de l'ouvrier, rétablit dans son premier état ce marbre, séparé auparavant d'une manière si visible. Elle laisse seulement, à l'endroit même de la fente, une ligne de couleur foncée, que les pèlerins prendraient pour une veine de marbre, si on ne leur racontait comment le miracle fut opéré. Ecrions-nous donc encore une fois en terminant ce chapitre: Dieu, que *vous êtes admirable dans vos Saints!...* Gloire vous soit rendue pour les merveilles que votre main se plaît à opérer en leur faveur!

V. — DIVERS MIRACLES OPÉRÉS PAR L'INTERCESSION DE SAINTE PHILOMÈNE.

Je commencerai ce chapitre par un passage de saint Bernard. En parlant de la céleste Jérusalem et des Saints qui l'habitent, voici comment il s'exprime : « Cette bienheureuse Patrie n'affaiblit point la charité ; elle l'augmente. Les Saints assurément sont devenus impassibles, mais non impitoyables ; placés devant la source des miséricordes, leurs entrailles n'en sont que plus accessibles à la commisération. Or, si ce même sentiment leur faisait, durant leur vie mortelle, opérer tant de prodiges en faveur de leurs frères; si, pour eux, ils usaient, au nom de J.-C., de l'empire qu'ils en avaient reçu, sur la mort et sur la vie, combien plus ne feront-ils pas aujourd'hui que leur puissance s'est accrue au-delà de tout ce que l'on peut dire, et qu'ils sont entrés en unité de gloire avec Dieu. »

Il n'est donc pas étonnant que les Saints opèrent des miracles. Ils les sollicitent et les obtiennent dans le Ciel par leurs prières et par leurs mérites ; ils les font sur la terre en faveur de ceux qui les invoquent, et surtout dans les lieux où reposent leurs dépouilles mortelles, et où l'on rend à leurs statues et à leurs images une vénération particulière. L'histoire de tous les siècles en est la preuve. Quiconque ne le croit pas est dans l'illusion, pour ne rien dire de plus ; cette illusion est le fruit ou de sa profonde ignorance, ou de sa mauvaise foi. « Quoi donc! s'écrie saint Jean Damascène, osera-t-on dire que les Saints, ou plutôt le Dieu des Saints, ne saurait glorifier leurs reliques? J.-C. nous a laissé en elles des sources salutaires de bienfaits de tout genre. Eh! pourquoi le nierait-on? Si un rocher dur et aride, si la mâchoire d'un stupide animal purent fournir aux serviteurs de Dieu des eaux en abondance (et ce sont là des objets de notre foi), comment se refuserait-on à croire qu'il sorte du corps des martyrs une huile odoriférante? Il n'y a rien là d'étonnant pour ceux qui connaissent la puissance de Dieu, et la grandeur de l'amour qui les porte à honorer ses Saints. Sans doute, d'après l'ancienne loi, quiconque touchait un mort contractait l'impureté légale. Mais les Saints sont-ils au nombre des morts, eux qui sont si intimement unis à l'auteur de la vie? Et de quel front viendrez-vous nous affirmer qu'ils sont morts, ceux dont les ossements chassent les démons, guérissent les malades, rendent la vue aux aveugles, la santé aux lépreux, le calme et la joie aux âmes battues par les tentations ou obsédées par la tristesse, et sont, pour tout dire en un mot, le canal dont se sert le Père des lumières pour transmettre tout don parfait à ceux qui les honorent dans la plénitude et la simplicité de la foi?... » Si donc nous les voyons opérer visiblement sur la terre, croyons qu'ils vivent dans les cieux ; et s'ils vivent dans les cieux, croyons qu'ils aiment à se voir honorés sur la terre, dans tout ce qui peut les retracer à nos yeux, surtout dans ces restes sacrés auxquels leur âme viendra communiquer sa gloire au grand jour de la résurrection. C'est la conclusion que nous tirons avec saint Jean Chrysostôme. « Allez, dit-il, et visitez les tombeaux des saints ; ornez-les de vos offrandes, touchez leurs reliques avec une grande foi ; la bénédiction du Ciel viendra sur vous, et vos trésors s'empliront de richesses. *Qui habet aures audiendi audiat.* »

Nous allons en donner de nouvelles preuves dans les miracles opérés par sainte Philomène. Ils sont en trop grand nombre pour les mettre tous ici ; mais ce que j'en dirai suffira pour faire admirer la bonté et la puissance de Dieu, pour inspirer envers notre THAUMATURGE une tendre dévotion, pour ranimer la foi languissante, et faire estimer davantage sa sainteté, ses sources et ses pratiques.

1re SÉRIE DE MIRACLES.

PRODIGES OPÉRÉS SUR LE CORPS DE SAINTE PHILOMÈNE.

ON se souvient du mécontentement qu'éprouva don François à la vue des défauts que la main inhabile et mal dirigée de l'ouvrier négligea d'éviter en faisant le corps figuré dont les ossements de notre martyre étaient recouverts. L'attitude qu'il lui avait donnée paraissait n'être pas assez décente. Le coloris du visage, d'un blanchâtre qui déplaisait à l'œil, joint à la mauvaise disposition des dents de la Sainte, la défiguraient presque totalement. La châsse était aussi de dimension trop petite. Mais qu'y faire, après que tout était fini, et tous les plans arrêtés pour la translation du saint Corps? On se contenta de suppléer à ces défauts par l'élégance des ornements. Une tunique de soie blanche, symbole de la pureté virginale, et par-dessus une robe à la grecque, de couleur pourpre, symbole usité du martyre, composaient le vêtement de la Sainte. Sa tête, à laquelle on avait adapté une chevelure de soie, couleur châtain, était couronnée d'une guirlande; dans sa main droite elle tenait une flèche; une palme et un lis s'élevaient de sa gauche. Le corps, tel qu'il était placé, n'avait pas plus de cinq palmes de longueur.

Je suis entré dans ces détails pour que l'on comprenne mieux ce qui va suivre. Lorsqu'il s'agit, en 1814, d'embellir la chapelle de sainte Philomène, on pensa aussi à faire une nouvelle châsse. Depuis plusieurs années, tous les habitants de Mugnano et des pays environnants, qui venaient fréquemment visiter le sanctuaire miraculeux, avaient toujours vu le saint Corps dans une même position. Eh! qui aurait pu y toucher, vu que les sceaux y étaient apposés avec soin, et que la famille Terrès n'avait jamais confié à personne les clefs dont elle était en possession? Néanmoins, un matin, quelques étrangers ayant demandé à le voir, on trouva la situation de la Sainte tout-à-fait changée. La chose paraissait incroyable, mais les témoins ne pouvaient se récuser. Ils avaient vu naguère le saint Corps étendu et ses genoux élevés, présentant la forme d'un angle ; ils voyaient ceux-ci reposant avec décence sur le petit matelas qu'ils avaient en-dessous, tandis que le reste du corps, se soulevant, offrait l'image d'une personne assise. Le coussin de la tête n'était aussi plus à sa place ; il avait suivi celle-ci vers la partie supérieure de la châsse, où elle s'appuyait. Le bras droit semblait également avoir approché un second coussin, pour rendre sa position plus naturelle. La flèche, qui tournait auparavant sa pointe vers le cœur, fut trouvée en sens inverse. Même changement du côté gauche. Le bras qui soutenait la palme et le lis s'était élevé en proportion de l'élévation du corps et de la tête ; et cette nouvelle disposition avait dégagé une partie de la robe de pourpre, qui, en devenant visible, rendait l'aspect de la sainte plus gracieux. Pour qu'il ne manquât rien à cet ensemble de prodiges, le visage lui-même avait perdu ses premiers traits. Le menton s'était arrondi, comme celui d'une jeune personne qui sommeille. Les lèvres, dont l'ouverture, peu habilement ménagée, rendait le visage difforme, sans néanmoins laisser apercevoir les dents, s'ouvraient avec une grâce merveilleuse, qui, jointe à l'amabilité de la physionomie et au brillant coloris des joues, flattait agréablement les yeux. La chevelure, auparavant cachée en grande partie, soit derrière le cou, soit au-delà de l'épaule gauche, se montrait alors tout entière, et flottait çà et là avec une élégante légèreté. Aussitôt que le bruit de ces merveilles se fut répandu dans Mugnano, tous accouraient pour s'en assurer de leurs propres yeux ; et il n'y eut personne, même parmi les mécréants, qui n'en reconnût la vérité ; mais ceux-ci prétendirent qu'il n'y avait point là de miracle : ce sont les hommes, disaient-ils, qui ont fait tout cela. On n'avait d'autre réponse à leur faire que de leur montrer les quatre sceaux de l'évêque de Potenza, restés parfaitement intacts, et leur prouver, comme on le fit, qu'il n'y avait qu'une seule clef, et qu'elle était toujours à Naples, dans les mains de madame Terrès. Mais ceux qui s'aveuglent volontairement croient-ils jamais aux preuves, même les plus évidentes ? À cette occasion-là même, comme si le Ciel eût voulu attester le prodige de cette métamorphose, un enfant de six ans, que la petite vérole avait rendu aveugle, recouvra subitement la vue, en présence de plusieurs personnages d'un grand mérite, qui étaient venus de Naples pour examiner les sceaux, et vérifier la clef sur la serrure de la châsse.

Cette même châsse, comme je l'ai dit tout à l'heure, ayant été jugée trop petite, et peu en rapport avec le bel autel qui venait d'être érigé, on se mit en devoir d'en faire une autre. La chose traîna quelque temps en longueur, parce qu'une châsse plus belle exigeait aussi, dans les vêtements de la Sainte, un changement qui devait être fort coûteux. Cette dépense ralentissait un peu le zèle, quand une nouvelle merveille vint frapper les regards et commander en quelque sorte l'exécution du changement projeté. On s'aperçut, mais sans y faire d'abord trop d'attention, que les vêtements, dont la couleur était déjà fort altérée, commençaient à se découdre; mais bientôt, voyant que chaque jour ils allaient dépérissant de plus en plus, et qu'une main invisible en détachait tantôt une pièce, tantôt une autre, en sorte que le fond de la châsse était couvert de lambeaux éparpillés çà et là, comme à dessein formé, l'on se convainquit enfin que Dieu, jaloux de la gloire extérieure du saint Corps, voulait qu'on le revêtît de nouveau, sans égard aux frais qui devaient en être la suite. On s'en occupa donc plus sérieusement et du meilleur cœur possible. Il restait une seule difficulté. En prenant les mesures, on avait fait l'observation que la chevelure de la Sainte, parfaitement arrangée vers l'épaule droite, laissait sur la gauche quelque vide, à cause du petit nombre de cheveux qu'on y avait mis lorsqu'on vêtit le saint Corps pour la première fois. Y suppléer par des cheveux de femme ne paraissait pas convenable; le temps ne permettait pas de se procurer des cheveux de soie. Dans cet embarras, la veille de la Pentecôte, au moment où l'on découvrait les saintes reliques, on vit encore se manifester les soins, minutieux, il est vrai, aux yeux de la sagesse humaine, mais admirables à ceux de la foi, de la divine Providence par rapport à notre Sainte. De nouvelles et longues flottes de cheveux parurent du côté où se voyait auparavant ce vide, qu'on désespérait de pouvoir remplir. Ils semblaient fraîchement lavés et peignés, leur éclat et leur belle disposition répandaient une nouvelle grâce sur l'extérieur de la Sainte. L'on crie encore de toutes parts au miracle; Dieu est glorifié; et l'on procède au déplacement de ce Corps vénérable autour duquel le Tout-Puissant ne cesse de multiplier les plus singulières faveurs

Mais ce n'est pas tout encore. Quand on eut couvert la Sainte des riches vêtements qu'on lui avait préparés, avant même qu'elle eût été mise dans la nouvelle châsse, plus longue d'une palme que la première, toutes les personnes qui venaient la voir par dévotion se disaient, en la considérant : Notre Sainte, sous ses nouveaux habits, paraît plus grande et plus belle qu'auparavant. On croyait cependant que c'était une pure illusion de la vue. Mais, en la plaçant dans la châsse, il fallut bien convenir d'un nouveau prodige; car le saint Corps, au lieu d'y être à l'aise, comme les mesures exactement prises le promettaient, se trouvait encore à l'étroit, ce qui ne pouvait avoir lieu sans supposer une circonstance miraculeuse.

La même observation se fit en deux autres circonstances semblables. Une troisième, puis une quatrième châsse ayant été faites, on ajouta une palme de longueur à la première, et ce fut encore insuffisant pour le corps de la Sainte, qui avait pris un nouvel accroissement; les vêtements eux-mêmes, auparavant un peu trop longs et soudain devenus trop courts, attestèrent le prodige. Quant à la seconde, comme l'on se défiait, pour ainsi dire, de quelque nouveau jeu de l'admirable Providence, des prêtres habiles, en donnant aux membres figurés de sainte Philomène une conformation plus solide, eurent soin de les raccourcir. Mais leur précaution fut inutile. Malgré le rapprochement des ossements de la Sainte, malgré le raccourcissement du corps qui les enveloppait, malgré la longueur de cette quatrième châsse, il fut de nouveau constaté qu'un miracle semblable aux précédents avait eu lieu pour la troisième fois.

On peut, d'après cela, se faire une idée de la vénération dont ce corps sacré était l'objet, d'autant plus que Dieu opérait sans cesse en lui quelque nouvelle merveille, dont les témoins se plaisaient à être les prédicateurs. Nous allons en raconter quelques-unes.

Son Eminence le cardinal-archevêque de Naples était venu, pour la cinquième fois, et par vœu, visiter les reliques de sainte Philomène, à laquelle il avait une grande dévotion. La châsse ayant été découverte, les assistants remarquèrent que le cardinal, après quelques moments de la plus grande attention, donna des signes de surprise. Pendant la messe qu'il célébra, dans une espèce de ravissement, il fixait très souvent les yeux sur la Sainte, et aussitôt après, en présence de Monseigneur Léon archevêque de Reggio, de l'évêque de Lombardi, et de deux abbés de sa suite, il dit (et le peuple l'entendit aussi) : « Messieurs, il y a six mois que la châsse fut scellée sous mes yeux en cinq endroits différents, et la Sainte n'était pas comme je la vois à cette heure; » puis montrant la disposition de la flèche, des pieds, des cheveux, et la situation du corps lui-même, qu'il comparait avec l'état où il les avait laissés à son départ, il ajouta : « On voit bien qu'il y a eu encore un accroissement tout récent dans notre THAUMATURGE; moi-même je suis prêt à l'attester. » — Ici on demandera peut-être : Mais à quoi donc viennent aboutir tous ces miracles? Je réponds : A la gloire des Saints, et à l'édification des fidèles. *N'est-il pas écrit que les yeux du Seigneur sont sur les justes? qu'un seul cheveu de leur tête ne tombera point sans sa permission? que leurs ossements seront par lui comme gardés à vue? et qu'en les voyant germer, ainsi que l'herbe des champs, les serviteurs de Dieu rendront hommage à sa puissance?* J'ajoute, avec notre abréviateur, que ces merveilles, ou autres semblables, ont toujours été le signe de quelque effet prodigieux, ou déjà opéré par l'intercession de la Sainte, ou sur le point de s'opérer; et d'ailleurs, lors même que l'intelligence de l'homme n'y saurait rien comprendre, qu'en faudrait-il conclure?... J'attends la réponse... Qu'on prenne garde seulement de *blasphémer ce que l'on ignore.* Un fait éclaicira ce que je viens de dire.

Au mois de juin de l'année 1831, il se trouvait à Mugnano un concours de personnes distinguées qui étaient venues à dessein d'honorer sainte Philomène. En fixant leurs regards sur elle, ils furent ravis d'admiration, pénétrés des sentiments d'une piété si tendre, qu'on les voyait s'agenouiller, se relever pour baiser l'autel, y appliquer leur front avec respect, et, saintement avides de contempler la THAUMATURGE, ne pouvoir en détourner leurs regards. Ils s'écriaient à chaque instant : Qu'elle est belle! qu'elle est belle! quel visage de paradis!

Tout à-coup un je ne sais quoi de sévère vient obscurcir le front et les traits de la Sainte. Don François était présent; il en fut étonné, et confessa n'avoir jamais remarqué en elle une semblable altération. Plusieurs habitants de l'endroit rendirent le même témoignage. On se met aussitôt en prière; c'était celle du cœur humilié. Sur-le-champ, le nuage se dissipe, la première sérénité reparaît; rien de plus attrayant que l'amabilité de la vierge, elle tenait quelque chose du Ciel. Les larmes coulaient de tous les yeux, toutes les bouches glorifiaient la divine puissance; mais ce qui frappa les témoins de ce miracle, autant peut-être que le miracle même, fut l'aveu que fit publiquement l'un d'entre eux. Il déclara, les larmes aux yeux, et avec l'humilité la plus édifiante, qu'un instant auparavant il croyait peu à notre sainte religion; mais que, touché de ce prodige, il venait enfin d'ouvrir son cœur à la vérité; et que rendant à la Sainte un sincère tribut d'actions de grâces, il la priait d'accepter une riche offrande pour l'embellissement de son autel. Ce fait, ajoute l'abréviateur, est le seul de ce genre que nous rapportions; mais il y en a une infinité d'autres semblables. Nous pourrions en citer deux, arrivés dans ce même mois; et si nous voulions en ajouter d'autres encore, on verrait non-seulement des pécheurs, mais encore des apôtres de l'impiété, changés intérieurement d'une manière si merveilleuse, qu'ils sont ensuite devenus apôtres zélés de la vertu.

Plusieurs fois il s'est aussi opéré dans les yeux de la Thaumaturge des mouvements bien extraordinaires, et c'était quand on lui demandait quelque faveur particulière. Voici un fait qui eut lieu en 1832. Don Alberto Testa, de l'une des familles les plus considérables d'Avellino, était, depuis l'âge le plus tendre, sujet à de nombreuses et graves infirmités. Elles avaient épuisé toutes les ressources de la médecine, qui ne lui procuraient, quoi qu'on pût faire, aucun soulagement. Sa famille professait publiquement une grande dévotion à sainte Philomène; elle résolut enfin de venir à Mugnano solliciter la guérison de D. Alberto. Pendant qu'elle multipliait ses instances, l'on remarqua sur le visage de notre Sainte divers changements, et entre autres, qu'ouvrant l'un de ses yeux, elle regardait le malade et sa famille. Ce prodige parut l'heureux présage du bienfait désiré; mais bientôt il retomba dans un état pire qu'auparavant. Néanmoins on ne perdit pas confiance. Nous voulons absolument, disaient-ils à leur sainte protectrice, que vous nous obteniez cette grâce. Notre famille est tout à vous. Comment pourriez-vous ne point souscrire à nos désirs?... Ils partent pour Avellino; ils ne cessent de prier; et de retour à Mugnano, vers la fin de septembre, ils recommencent à frapper plus fortement à la porte de celui qui a dit: Frappez, et l'on vous ouvrira. Dès le matin du premier jour, on fit sur le visage de la Sainte les mêmes observations que l'on avait faites précédemment. Nos pèlerins, encouragés par ces signes extraordinaires de bienveillance, revinrent encore *le soir* à l'église, et demandèrent qu'on leur découvrît la châsse une seconde fois. Mais le ciel était obscurci de tant de nuages, et la pluie tombait en si grande abondance, que, malgré six grands cierges allumés, on ne voyait que bien imparfaitement ces traits chéris, où l'on voulait recueillir de nouveau l'espoir de la guérison tant désirée. Toutes les personnes présentes en étaient tristes, quand tout-à-coup un rayon de lumière jaillissant d'une grande fenêtre, qui faisait face à l'*orient*, vient donner sur le visage de la Sainte, et permet d'en contempler les traits à loisir. C'était là un premier miracle; car le soleil était alors à l'*occident*; il fut accompagné d'un second, non moins prodigieux; car on vit en ce moment, d'une manière bien distincte, les yeux de la vierge martyre s'ouvrir à huit reprises différentes, et avec une admirable vivacité. La pieuse famille, au comble de la joie, n'osait plus avoir le moindre doute sur le plein succès de sa demande, et en effet, au bout de quelques jours, don Alberto se trouva si parfaitement guéri, qu'il semblait n'être plus le même homme.

IIe SÉRIE DE MIRACLES.

PRODIGES OPÉRÉS SUR LES STATUES, IMAGES, ETC., DE SAINTE PHILOMÈNE.

Le culte des saintes images a été, de tout temps, une source des plus grands biens.

Cherchons-en la preuve dans notre Sainte. On faisait à Mugnano, le 10 août de l'an 1823, la fête de la translation, et dans la procession, qu'il est d'usage de faire alors, on portait la statue de la Sainte. Elle est de bois, et jamais on n'avait remarqué, dans cette circonstance, rien d'extraordinaire ni dans la pesanteur ni dans les ornements dont on avait coutume de l'embellir. Cette année-là, les porteurs eurent à peine fait quelques pas, que, ne pouvant plus suffire à la charge, quoique sains et robustes, ils furent contraints de s'arrêter. D'autres prennent leur place, même impossibilité. Une troisième troupe leur succède, ils s'avouent encore vaincus. Enfin, réunissant ensemble leurs efforts et leurs bras, ils parviennent, non sans une énorme fatigue, à la reporter dans l'église. Cet événement inusité attira naturellement les regards sur la prodigieuse statue, et en la fixant avec plus d'attention, tous, jusqu'aux plus petits enfants, remarquèrent sur son visage une rougeur extraordinaire qui les jeta dans l'étonnement. Le lendemain, après midi, trois étrangers étant entrés dans l'église pour vénérer le saint Corps, vinrent s'agenouiller devant la statue, et firent en même temps l'observation qu'il y avait, à l'extrémité du menton, un je ne sais quel globule brillant comme le cristal. L'un d'eux se lève, y porte la main, et la retire mouillée d'une substance liquide et glutineuse qu'il présente à ses compagnons, et ceux-ci avec lui se l'appliquent dévotement sur le front. Reportant ensuite les yeux sur le visage de la statue, ils voient qu'il en sortait de tous côtés une sueur prodigieuse, telle que la provoque une grande chaleur dans les corps vivants et animés. Se réunissant ensuite en gouttes, et celles-ci en deux petits ruisseaux, l'union de l'un et de l'autre venait s'opérer sous le menton, et de là ils descendaient comme un fil épais sur la poitrine. Les couleurs de la sainte paraissaient vivement animées, et ses yeux étincelaient d'un éclat surprenant. Les témoins de cette merveille en appelèrent d'autres. Don François et le vicaire forain (un curé de la paroisse) accoururent aussi. Ils examinent, ils palpent; c'était, disent-ils, comme une espèce de manne cristalline, qui avait quelque chose de dense et de visqueux qui retenait et repoussait le tact. La foule dont en un instant l'église fut remplie, en voyant cette sueur et le visage enflammé de la statue, se mit à crier : Miracle! miracle! Des larmes coulaient de tous les yeux : les deux pieux ecclésiastiques en versèrent aussi de joie et de tendresse. Mais pour contenter la dévotion du peuple, et mieux s'assurer de la vérité, ils firent descendre la statue de son piédestal, et la placèrent sur le pavé de l'église au milieu de plusieurs cierges allumés. De cette manière, tous purent considérer de près le signe merveilleux que le Ciel leur donnait de sa puissance, et du désir qu'il a de voir honorer les statues de ses Saints. On remarqua de plus qu'un ruban, attaché au cou de la vierge martyre, et auquel était suspendu un reliquaire avec un fragment de ses os, avait été humecté d'une liqueur toute différente de la première. Elle était plus condensée et répandait une odeur très suave telle que n'en ont pas les parfums les plus exquis. Ce fait a été attesté par toutes les personnes qui se trouvaient présentes, et consigné, ainsi que les autres dont nous avons fait ou nous ferons mention, dans les archives de ce célèbre sanctuaire, avec toutes les formalités d'usage en pareil cas. Si l'on aimait mieux en juger d'après les effets tout surnaturels qui s'ensuivirent, nous dirions avec l'auteur, témoin oculaire en cette circonstance, comme il l'a été dans la plupart des faits miraculeux qu'il cite dans sa *Relation historique*, qu'à dater de ce jour, et en suite de ce prodige dont on parlait dans toute la contrée, la dévotion envers sainte Philomène s'accrut considérablement, s'établit dans les provinces éloignées, et, ce qui est plus merveilleux encore, fondit même la glace d'un assez grand nombre de cœurs obstinés. Ils refusaient de croire aux miracles de la Sainte, et ces miracles mêmes amenèrent leur conversion.

Que dirai-je maintenant de ses images? Ici les prodiges s'accumulent tellement, qu'à mon grand regret je suis forcé de faire un choix, avec l'embarras de ne savoir par où commencer, tant chacun d'eux me paraît devoir exciter l'intérêt des âmes vraiment chrétiennes.

Les habitants de Castelvetere avaient été, entre ceux des pays voisins, favorisés plus particulièrement par sainte Philomène. Ils ne voulurent pas être ingrats. L'on assembla des fonds pour bâtir une chapelle avec un autel de marbre, et Monseigneur de Nicolaï, grand dévôt de la THAUMATURGE, en fit à Dieu la consécration sous l'invocation de la Sainte. On plaça aussi un tableau fait à Mugnano.

sur le modèle du saint Corps; et je ferai ici l'observation, pour l'intelligence de ce qui va suivre, que la copie était parfaitement semblable à l'original, c'est-à-dire qu'on avait peint la sainte Martyre avec les deux yeux fermés, et dans l'attitude d'une eune personne qui sommeille. Ce tableau, attendu avec impatience, fut reçu par la population de Castelvetere avec tout l'appareil des plus grandes solennités. De zélés missionnaires y avaient donné une retraite dont tous s'étaient empressés de profiter; la communion générale fut on ne peut plus nombreuse et édifiante, et la procession qui la suivit, pour aller au-devant de la vénérable image, aussi dévote et recueillie qu'on pouvait l'espérer, après des exercices faits avec une grande ferveur. Un accident faillit la troubler : au moment où l'on allait se mettre en marche, il survint une horrible tempête, qui, après avoir obscurci le ciel, éclata de la manière la plus effroyable; en sorte que l'on désespérait déjà de pouvoir se former en procession. Mais don François, encore présent à la cérémonie, releva par ses paroles pleines de foi le courage de ces bons villageois, et fit donner par toutes les cloches le signal de la marche. Aussitôt la tempête se dissipe, les nuages s'éloignent, le ciel revient à sa première sérénité, et au grondement du tonnerre succèdent les hymnes sacrés et les sons harmonieux d'une musique choisie. En peu de temps l'on se trouve en présence de la sainte image, élevée sur un brancard somptueusement décoré. Un cri de joie se fait entendre, de douces larmes l'ont accompagné

Qui croira, dirai-je ici avec Isaïe, qui croira ce que je vais dire? *Quis credit auditui nostro ?* Mais enfin le Ciel est-il donc sans oreilles, et la reconnaissance de ses heureux habitants n'a-t-elle pas des signes sensibles pour se manifester, comme nous en avons dans cette vallée de larmes? Tout le peuple de Castelvetere saluait avec transport son auguste bienfaitrice; et celle-ci voulut, par un prodige, lui en témoigner sa satisfaction. On lui vit donc ouvrir l'œil droit, qui, par la position de la tête, se trouvait en regard de cette multitude privilégiée, et peu après l'œil gauche, qui sembla ne rester fermé quelques instants que pour mieux faire ressortir le miracle et en constater la vérité. Il sortait de ces yeux miraculeux je ne sais quels éclairs qui pénétraient les âmes et y faisaient naître les sentiments les plus délicieux. Les femmes se dépouillaient de tout ce qu'elles avaient d'ornements, et les jetaient sur le brancard, en signe de leur reconnaissance et de leur dévouement à la Sainte; le reste du cortège était comme saisi d'attendrissement et de respect. Ce qui venait encore ajouter à ces divers sentiments un nouveau degré de force était la vue d'une dame distinguée de Montemarno, qui avait reçu, la veille de ce même jour, une grâce toute particulière de sainte Philomène. Elle souffrait beaucoup depuis trois mois, et comme ses douleurs devenaient de jour en jour plus aiguës, le courage l'abandonna, et elle s'écria : Tous les remèdes me sont inutiles; il n'y a pas de saint en paradis qui ait pitié de moi. Jésus, envoyez-moi la mort, la vie m'est devenue trop à charge. En finissant ces mots, elle s'assoupit profondément; et alors se présente devant elle une jeune et aimable vierge accompagnée de deux anges, qui, l'envisageant d'un air sévère : Il est donc bien vrai, lui dit-elle, que tu n'as trouvé dans le ciel aucun saint qui s'intéressât à toi !... Puis souriant, elle ajouta : Baise cette image de la vierge et martyre sainte Philomène, et tu obtiendras la grâce que tu désires. La dame la baise avec respect, et aussitôt les deux anges applaudissant s'écrient : La grâce est faite ! la grâce est faite ! Elle l'était en effet. En se réveillant, plus de douleur. Cette dame et son mari vinrent le lendemain à Castelvetere, pour prendre part à la fête, et remercier publiquement la THAUMATURGE du bienfait qu'ils en avaient reçu. Ainsi tout concourait à la consolation de ce bon peuple : ils s'avançaient pleins de joie vers l'église, quand une difficulté imprévue et naturellement insurmontable vint les arrêter, mais pour les jeter ensuite dans le plus grand étonnement, à la vue du plus grand des prodiges. On sait ce que N. S. disait à ses Apôtres : Un peu de foi, ne fût-elle pas plus grande qu'un grain de sénevé, vous suffira pour transporter les montagnes. Un événement à peu près semblable eut lieu dans cette occasion. Les bonnes gens, en dressant la machine sur laquelle on devait poser le tableau de le Sainte, n'en avaient pas proportionné la largeur à celle des rues par où elle devait passer Or, il se trouvait que certaines rues avaient quatre palmes de moins de largeur que le brancard. De là l'embarras où ils se virent, mais dont le Ciel ne tarda pas à les délivrer. Pendant que les files de la procession se retournaient inquiètes vers la sainte image que l'on croyait devoir s'arrêter à chaque pas, les porteurs s'avançaient toujours de leur côté, soit qu'ils ne vissent pas ce que voyaient les autres, soit qu'ils le vissent, par l'effet d'un prodige, dans un lointain qui n'arrivait jamais. Bref, sans s'arrêter un seul instant, sans donner aucun biais à la machine, au grand étonnement des spectateurs, ils traversèrent toutes ces rues, et arrivèrent au terme de la procession. Le même miracle, dit l'auteur, témoin oculaire et non suspect, se répéta quelques mois après, lors du transport d'une statue de la même Sainte, portée en une caisse par six hommes, dont trois de front. La largeur de la caisse était de huit palmes, et certains recoins par où il fallait passer n'en avaient que trois. L'impossible d'aller outre se conçoit aisément; mais est-il au Seigneur quelque chose d'impossible? Les porteurs franchirent ces passages, comme s'ils eussent traversé une grande place, sans qu'aucun d'eux quittât son poste, et sans faire subir à leur fardeau le moindre changement; le fait est encore attesté par plusieurs centaines de personnes.

De Castelvetere, transportons-nous maintenant à Lucera. Un exemplaire de l'ouvrage de don François de Lucia parvint, en 1829, entre les mains de l'évêque de cette antique cité, Mgr André de Portanova; en le lisant, il se sentit fortement poussé à établir la dévotion à sainte Philomène dans sa cathédrale. Cette nouvelle avocate, se disait-il, attirera les bénédictions du Ciel sur le pasteur et sur le troupeau. Il se mit donc à préparer les voies.

C'était là le sujet où il revenait sans cesse dans la conversation, la pensée dont il aimait le plus à s'entretenir, le projet dont il désirait ardemment voir la réussite. Il se procura un grand nombre d'images de la sainte martyre; il les répandit dans la ville, ainsi que la relation dont nous avons parlé; en peu de temps tous les cœurs s'enflamment, la dévotion s'établit, le ciel opère par elle une foule de miracles. J'en citerai ici un seulement. L'évêque avait besoin, pour son séminaire, d'un professeur d'éloquence, et il jeta les yeux sur don Vincent Radago, chanoine d'Apricena, dont les talents littéraires lui étaient parfaitement connus. Celui-ci se présente, mais moins pour remplir les vues du prélat, que sa santé ne lui permettait pas de satisfaire, que pour lui donner, en se montrant, une preuve non équivoque et de sa soumission et de son impuissance; car il était souffrant d'une maladie de poitrine qui faisait craindre pour ses jours. Le crachement de sang, joint à une fièvre lente, l'avait presque totalement épuisé. Comment pourrait-il donc suffire à s'acquitter d'une fonction qui fatigue la santé même la plus robuste? Comment vous pourrez y suffire? lui répond l'évêque; oh! pour cela, c'est moi qui m'en charge. Ne vous inquiétez pas. — Mais, Monseigneur, à moins que Votre Grandeur n'ait le don des miracles. — L'évêque l'interrompant : Non, dit-il, je n'ai pas le don des miracles, mais nous avons ici quelqu'un qui les fera pour moi. Et à ces mots, prenant une image de sainte Philomène, il la met entre les mains du chanoine, en lui disant : Recommandez-vous à cette Sainte.

elle vous guérira. Celui-ci reçoit l'image avec respect, se l'applique avec foi sur la poitrine, et sur-le-champ se sentant parfaitement rétabli, il s'écrie : Monseigneur, je suis guéri. Il l'était en effet ; en signe de sa gratitude, il composa depuis une pièce de vers, dans laquelle il chanta le prodige opéré en sa faveur.

En voici un autre plus récent. Il eut lieu à Naples, en 1831, et dans la maison d'une pauvre blanchisseuse, que sa grossesse faisait incroyablement souffrir. Elle s'appelait Anne Moccia, et avait épousé un artisan nommé Joseph Gagiano. Pour obtenir du soulagement à ses douleurs, elle se proposa de faire brûler jour et nuit une petite lampe devant l'image de la Sainte, ce qu'elle exécuta ponctuellement, aussi longtemps que ses épargnes le lui permirent. Mais un soir qu'elle se vit sans huile comme sans argent : Ma bonne Sainte, dit-elle avec simplicité, je n'ai rien, ni pour vous ni pour moi; nous voilà toutes deux dans les ténèbres; mais, comme il me faut travailler, adieu, permettez que je vous laisse; et, elle s'en va, dans la maison voisine, faire son travail à la lumière d'autrui, après avoir fermé sa porte, dont elle prend la clef sur soi. La nuit était déjà bien avancée quand elle regagna son logis. Elle ouvre, et quel est son étonnement en voyant la lampe allumée, pleine d'huile, et sa pauvre demeure éclairée miraculeusement? Elle court aussitôt à la fenêtre, appelle les voisins, leur raconte comment la chose s'est passée, et les invite à remercier avec elle sainte Philomène de cet acte touchant de sa bonté. Il n'était que le prélude de bien d'autres. La bonne femme, malgré ses prières et les sacrifices qu'elle s'imposait, n'allait pas mieux qu'auparavant, et le terme de la grossesse étant arrivé, elle eut à lutter pendant cinq jours contre des douleurs violentes qui mirent sa vie en grand péril. L'accoucheuse crut même reconnaître que l'enfant était mort dans le sein de sa mère depuis trois jours. Le mal s'accroissant à chaque instant, la pauvre infirme se fait apporter l'image de la Sainte; et l'ayant prise entre ses mains : Comment, lui dit-elle, c'est donc là ce que je vous ai demandé ! c'est là tout ce que m'a valu l'huile dont j'ai fait la dépense ! Pendant qu'elle s'exhalait ainsi en douces plaintes, elle met un enfant au jour... mais il était mort. La sage-femme, qui s'y attendait, eut assez d'adresse pour en dérober la connaissance à la mère; et pendant qu'elle donnait à celle-ci tous ses soins, le petit cadavre restait sur le pavé, sans même qu'on l'enveloppât, et par un temps assez froid; c'était le 13 du mois de mars. Une heure et demie s'était déjà écoulée. La pauvre mère enfin a connu son malheur. Dans l'amertume qu'elle éprouve, on lui entend proférer ces mots : Belle grâce que vous m'avez faite ! allez, je ne veux plus de vous dans ma maison. Prenez cette image, faites-la disparaître de chez moi. De telles expressions vous choquent peut-être; néanmoins la vive foi qui en était le principe attendrit le Ciel, et fut payée d'une bien grande faveur; car on vit à l'instant même l'enfant se mouvoir; il pousse quelques vagissements, et toutes les personnes de la maison accourent le recueillir en criant : Miracle ! miracle ! On lui donna le saint baptême, et après trente-cinq jours, son âme innocente alla se réunir dans le ciel qui lui avait obtenu la double vie de la nature et de la grâce. Ce miracle fit un grand bruit à Naples ; et plusieurs ecclésiastiques doctes et zélés le publiaient de toutes parts à l'honneur de la célèbre THAUMATURGE.

Terminons cet article en parcourant rapidement, ainsi que le fait notre abréviateur, plusieurs autres faits prodigieux qui se passèrent dans une ville de la marche d'Ancône qu'il ne nomme pas. — Un religieux, dit-il, avait dans sa chambre une image de la Sainte, non encadrée. Il l'avait placée sur sa table, en l'appuyant simplement contre le mur. Un jour il la voit quitter le mur, et s'avancer vers lui comme pour lui donner un témoignage de son affection; le même mouvement s'opéra sous ses yeux plusieurs jours consécutifs, et il était d'autant plus remarquable que cette image se soutenait d'elle-même, et gardait un parfait équilibre, quoiqu'elle ne fût que de simple papier. — Un événement semblable a été aussi attesté par un autre religieux. Il avait envoyé un enfant acheter une de ces images où l'on voit sainte Philomène représentée dans l'attitude qu'elle a dans la châsse. Celui-ci veut la donner en arrivant : mais, en étourdi, il la laisse s'échapper de ses mains et tomber par terre. Le religieux se met à le gronder; mais l'enfant, qui suivait la sainte image des yeux, s'écria : Oh! pour le coup, en voici une qui est plaisante! Voyez donc comme elle se tient sur ses pieds! Et en effet, le religieux la voit en équilibre sur le pavé de la chambre, et après l'avoir considérée quelque temps.

comme pour s'assurer du prodige, il prend la même image, et la laissant tomber à dessein, il se convainc que ce n'est point là un effet du hasard, mais un de ces admirables jeux de la divine puissance, dont il est écrit : *Ludens in orbe terrarum*. — Je lis, à la suite des traits que je viens de citer, la conversion d'un de ces esprits forts, qui trouvent étrange et ce qu'on attribue de merveilleux aux saintes images, et la dévotion des fidèles saintement empressés à les honorer. Sa famille avait, en dépit de l'incrédulité de cet homme, une affection marquée pour notre Sainte: elle en avait l'image dans un petit oratoire domestique, et lui rendait un culte assidu. C'était le fruit de ce qu'elle avait entendu dire à un pasteur fervent et zélé sur les grâces sans nombre obtenues par l'intercession de sainte Philomène. On en parlait quelquefois dans la maison. Mais croire à des miracles, et à de pareils miracles, c'était, selon cet homme, l'indice d'un bien petit esprit. Il persistait à penser et à raisonner de la sorte, quand il lui semble un jour, en dormant, se trouver dans l'église, et il y voit la sainte Martyre environnée d'un grand nombre de personnes. Toutes lui demandaient quelque faveur, et toutes s'en retournaient pleinement satisfaites. Désirant, lui aussi, voir se réaliser une chose qu'il avait fort à cœur, il s'approche et lui adresse sa prière : Loin d'ici! loin d'ici! lui répond aussitôt la vierge courroucée. N'êtes-vous donc plus cet homme qui n'ajoutez aucune foi aux prodiges que j'opère? Quoi! vous osez me demander des grâces!.... Ces paroles prononcées d'un ton sévère, firent la plus vive impression sur son cœur, et il se réveilla. Ce n'était plus le même homme. Il jugea, dès ce moment, d'une tout autre manière ; il ne cessait de pleurer son erreur, et par la tendresse de sa dévotion envers la THAUMATURGE, il mérita de sa part une distinction marquée par la distribution de ses faveurs. — Je passe sous silence un grand nombre d'autres miracles. J'en ai dit assez pour l'édification, trop pour l'homme animal qui ne comprend ni ne saurait comprendre un tel langage.

IIIe SÉRIE DE MIRACLES.

MULTIPLICATIONS MIRACULEUSES OPÉRÉES PAR SAINTE PHILOMÈNE.

UNE de ces jeunes personnes qui, sous la protection de sainte Philomène, consacrent à Dieu, en vivant au milieu du monde, leur virginité, se trouvait en proie depuis quelque temps à de grandes peines intérieures. De concert avec ses deux sœurs, également liées à Dieu par le même vœu, elle suppliait la Sainte de mettre un terme à ses angoisses ; et voici comment il plut au Seigneur de l'exaucer. Leur mère, morte depuis quelque temps, apparaît en songe à la personne affligée, et dit à sa Raphaella (c'était son nom), que le vendredi, jour du martyre de la Sainte, elle eût soin d'allumer une lampe devant son image, et qu'elle devait l'entretenir jusqu'au samedi. Cette pieuse fille, n'osant s'en rapporter à son songe, consulte là-dessus son confesseur, et celui-ci, dont elle était parfaitement connue, lui accorda la permission de faire ce qui lui avait été dit. La lampe est donc préparée, on la garnit : mais comme la famille était extrêmement pauvre, et que le peu d'huile contenu dans la lampe était tout ce que la pauvre fille pouvait donner, en la plaçant devant l'image, elle dit avec simplicité à la sainte Martyre : Ma bonne Sainte, contentez-vous, je vous en supplie, de l'huile qu'il y a ici, vous savez que je ne puis pas davantage; si vous aimez à voir brûler cette lampe, arrangez-vous pour qu'elle brûle jusqu'à demain. Elle disait ceci, parce qu'elle savait que la quantité d'huile contenue dans le vase était le tiers seulement de ce qu'il fallait pour un jour. Sa confiance et sa simplicité plurent au cœur de Dieu et de sa glorieuse Servante; car non-seulement, après avoir brûlé tout le long du jour, elle se trouva aussi pleine le samedi qu'elle l'était la veille; mais le prodige continua pendant deux années entières, avec cette différence néanmoins que plusieurs fois l'huile se trouvait à la même hauteur, d'autres fois il en manquait une petite quantité, ce qui faisait qu'on y ajoutait de temps en temps quelques gouttes; et il arriva très rarement qu'on fût obligé de remplir le vase tout entier.

La même chose à peu près eut lieu à Lucera, le 19 janvier de l'année 1833. On y faisait, ce jour-là, avec une grande solennité, la fête de la Sainte. Un homme du peuple, bon chrétien et grand dévot de la Thaumaturge, ayant vu, les jours précédents, l'appareil que l'on faisait pour rendre la solennité plus éclatante, se sentit porté à rendre, lui aussi, quelque honneur particulier à sainte Philomène, et il se proposa de tenir devant son image une lampe allumée, depuis les premières vêpres jusqu'à la fin du jour suivant. Le vase dont il se servait ordinairement pour cela ne contenait d'huile que pour environ cinq heures ; il le remplit avec l'intention d'ajouter au fur et à mesure le supplément à ce qui aurait été consumé. Il vient donc à peu près au moment où il croit cette addition nécessaire. Mais quel est son étonnement quand il voit l'huile à la même hauteur où il l'avait laissée cinq heures auparavant ! Le prodige dura pendant quarante-huit heures. Cet homme n'en fut pas seul le témoin, mais encore un grand nombre de personnes qui, le lui entendant raconter, accoururent pour le voir et louer avec lui le grand Dieu qui fait percer les rayons de sa gloire jusque dans l'obscurité la plus profonde, et pour ainsi dire jusqu'aux bords du néant.

Citons encore un trait de ce genre, mais qui eut une plus grande publicité. Tout le peuple de Mugnano l'atteste, et, avec lui, une foule d'étrangers réunis alors dans une petite ville, pour célébrer l'anniversaire de la translation de la Sainte. L'église était pleine de monde, et une troupe d'excellents musiciens, venue de Naples, exécutait avec beaucoup d'art un superbe motet, quand une paysanne de Sirignano, avec la rustique simplicité de ces sortes de gens, cherche, bon gré mal gré, à se faire un passage à travers la foule pour arriver, disait-elle, jusqu'à la lampe de la Sainte, et y prendre un peu d'huile bénite. Son importunité persévérante mit quelque désordre dans l'assemblée; on murmurait, on résistait, on l'accablait de reproches; mais enfin, pour éviter une plus grande confusion, chacun finissait par céder. Comme l'on prévoyait l'embarras où allait se trouver cette opiniâtre villageoise, car la lampe, toujours très basse, était alors éteinte faute d'huile, tous les regards, à mesure qu'elle approchait, se fixaient sur elle, afin sans doute de pouvoir au moins sourire à ses dépens. Mais ce que les autres voyaient, la bonne femme semblait n'avoir pas d'yeux pour le voir; aussi, avec une assurance qui épanouissait déjà tous les visages, elle approche son verre de la lampe, et y cherche dans l'eau, qui seule en remplissait le fond, l'huile qu'elle voulait pour sa malade... Dieu! que ne peut la foi! *Cherchez, et vous trouverez,* dit N. S., et un miracle vient appuyer ici sa divine parole. Il n'y avait pas d'huile dans la lampe; et cette multitude attentive et étonnée voit le verre de la villageoise reparaître à ses yeux plein d'une huile pure et miraculeuse. Oh! combien l'on dut s'applaudir alors de la violence que l'on avait soufferte. Le nom de la bonne paysanne, animée d'une si vive foi, vint se mêler à celui de sainte Philomène, les larmes d'une douce joie coulaient de tous les yeux, et jusqu'à la fin de la journée on se montrait la lampe encore éteinte; on aimait à entendre, à raconter le prodige dont elle avait été l'occasion.

Nous passerons maintenant à une autre sorte de multiplication, plus merveilleuse peut-être encore; je veux dire à celle des images de la sainte Martyre, et des livres où nous avons puisé les faits qui se trouvent dans ce petit écrit.

L'évêque de Lucera, zélé dévot de notre Thaumaturge, avait plusieurs fois demandé à don François qu'il lui fît parvenir une bonne quantité d'images de la Sainte, afin de les répandre parmi ses diocésains. Don François voulut les lui porter lui-même, et c'est ce qu'il fit en effet. Mais le prélat, informé de son arrivée, et brûlant d'impatience d'avoir ce qu'il désirait depuis longtemps, ne voulut pas attendre sa visite; il lui envoie sur-le-champ un de ses prêtres, en priant don François de remettre entre ses mains les images en question. Celui-ci les remet à l'heure même; il se contente, sur plusieurs centaines qu'il avait apportées, d'en réserver une quarantaine pour soi. L'évêque, ayant reçu le paquet, se plaint de voir les saintes images en si petit nombre; et dans la persuasion que don François en avait une quantité plus considérable, il lui dépêche au même instant un second message, pour en obtenir un second envoi. La réponse fut que l'on écrirait à Mugnano; car actuellement, ajouta le saint missionnaire, en montrant celles qui lui restaient, il m'est tout-à-fait impossible de satisfaire Sa Grandeur. Don François, voulant distribuer ses pieux présents entre certaines personnes de sa connaissance, ouvre la boîte où ces images se trouvaient, et à son grand étonnement, au lieu de la quarantaine qu'il y avait laissée auparavant, il voit trois gros paquets, d'une centaine chaque, don inattendu, mais précieux, que la Sainte voulut faire au zélé prélat. Don François le comprit. Il vole au palais épiscopal avec sa boîte miraculeuse, il raconte l'événement. Les paquets sont défaits; on confronte les premières images avec les secondes; elles se ressemblaient parfaitement; néanmoins il y avait dans la qualité du papier, et dans les traits de la Sainte, une différence assez saillante qui, en mettant à part le miracle, aurait fait préférer celles-ci à celles-là. Ainsi, comme dit le prophète, « le Seigneur exauce-t-il le désir des pauvres, et son oreille écoute la prière de leur cœur. »

J'ai aussi parlé de la multiplication des livres. Celle-ci s'est opérée plus fréquemment, et presque toujours entre les mains, pour ainsi dire, de don François lui-même. Ce fut après la seconde édition de la *Relation historique*, ouvrage écrit avec une touchante simplicité, que ce prodige, vraiment inouï, eut lieu d'abord à Mugnano, et ensuite en plusieurs autres endroits. Comme les demandes, au lieu d'être adressées à Naples, où le livre avait été imprimé, se faisaient au custode du saint Corps, à Mugnano, celui-ci fit venir de la capitale tout ce qui restait de cette seconde édition, et en mit le dépôt dans sa propre maison, pour être plus à portée de satisfaire les demandeurs. Il disposa ses livres dans une grande corbeille, sur cinq piles composées chacune de 45 exemplaires, et les couvrit, à l'exception d'une seule, avec beaucoup de soin, pour qu'ils ne fussent pas endommagés par la poussière. La pile qui se trouvait en dehors était destinée à la vente journalière, et, chose doublement étrange ! quoique depuis la fin de juin jusqu'à la mi-novembre on ne fît qu'expédier des livres, la pile ne finissait jamais, et jamais non plus le vendeur, bien qu'étonné de cette singularité, n'eut la pensée qu'il pouvait y avoir là-dedans quelque miracle. Vers la mi-novembre, plusieurs personnes étant venues en pèlerinage au sanctuaire de notre Martyre, elles voulurent emporter des exemplaires de cette Relation, et don François les leur céda gratuitement, en l'honneur de la Sainte. Il sort ensuite de chez lui, ferme la porte dont il retient la clef sur lui, et ne revient qu'à nuit close. Sa surprise fut extrême en voyant le plancher couvert de livres qui paraissaient avoir été jetés çà et là, de dessein formé, et ne sachant ni comme cela s'était fait, puisque la porte était fermée et qu'il n'était venu personne à la maison, ni pour quel motif, si par hasard la cause était surnaturelle, un tel accident aurait eu lieu. Il hésite, il commence même à craindre que le Ciel n'ait par là voulu lui faire connaître qu'il n'agréait pas son travail. Ce fut une pensée de son humilité ; voyons ce que lui suggéra sa prudence. Il renvoie au lendemain l'examen de ce fait singulier, et il prend garde, en attendant, à ne toucher à rien de ce qui s'est trouvé dans sa chambre.

A son lever, il considère tout avec la plus grande attention ; et après s'être assuré que les piles de la corbeille étaient intactes, il compte les livres parsemés sur le plancher. Leur nombre s'élevait à 62. Convaincu alors de la réalité du prodige, que sa vertu ne lui avait même pas laissé soupçonner, il sort, ferme de nouveau la chambre, et se rend à l'église. Son intention était de fortifier son témoignage par la déposition de plusieurs autres témoins.

A mesure qu'il voyait entrer dans le temple des personnes de sa connaissance, et qui avaient vu fréquemment le dépôt en question, ainsi que la manière dont il était arrangé, il les priait d'aller chez lui, d'examiner, en se recommandant à Dieu et à la Sainte, les livres répandus sur le plancher, de ne les toucher en aucune manière, et puis de revenir lui dire ce qu'elles en pensaient. — Tous s'accordèrent à voir un miracle dans cet événement, et il suffit de réfléchir tant soit peu pour le croire. 1° La toile qui couvrait la corbeille était couverte de poussière, et ne portait aucun indice du plus léger mouvement. 2° La pile extérieure, formée, comme les autres, de 45 volumes, se montait encore à 19. 3° Le nombre des exemplaires trouvés par terre était de 62. 4° Les quatre piles de la corbeille (c'était tout ce qui restait de la seconde édition) n'avaient point été dérangées. Ce premier raisonnement fit découvrir un second miracle, antérieur à celui-ci. Don François calcula le nombre de livres achetés ou distribués gratuitement, et il se trouva monter au-delà de 500 exemplaires.

Je laisse au lecteur à tirer de ce fait la conséquence qui se présente naturellement, et qui parle bien haut en faveur des merveilles contenues dans ces livres. Voyez-le se répéter une seconde fois.

Notre vertueux missionnaire, vers les neuf à dix heures du soir, s'occupait avec son frère de certains ouvrages manuels dont sainte Philomène était l'objet. Tout-à-coup ils entendent dans la chambre voisine, qui était celle de don François, un grand bruit, dont l'un et l'autre sont épouvantés. Ils se regardent, ils délibèrent, ils hésitent; enfin, mettant leur confiance dans leur sainte Protectrice, ils vont droit au lieu d'où le bruit leur semblait être parti. Aussitôt leurs regards les instruisirent d'un nouveau prodige de la Sainte; encore une multiplication! mais la disposition des livres avait quelque chose de si piquant par sa singularité, qu'elle les surprit plus encore que la multiplication elle-même. Il y en avait dont la tranche, ouverte à moitié, s'appuyait sur le plancher, sans que l'intérieur pût être sali par la poussière; d'autres se soutenaient horizontalement sur le dossier des chaises; d'autres, sur les barreaux de ces mêmes chaises et sur le mur en même temps; le tout enfin présentait quelque chose de gracieux et d'aimable, dont nos deux frères se réjouirent saintement. Il est à remarquer que c'est là un des caractères les plus saillants de la plupart des miracles de notre Sainte; aussi, quand on a le bonheur de la connaître, il est bien difficile qu'on puisse se défendre de l'aimer.

Don François s'abstint, durant plusieurs semaines, de toucher aux livres miraculeux. Une foule de personnes put contempler à loisir ce jeu édifiant et singulier de l'admirable THAUMATURGE, et rendre témoignage de la nouvelle multiplication. Il se trouva dix-neuf livres de plus, après l'examen attentif que l'on eut soin de faire; et ces livres, en tout semblables aux autres, furent en peu de temps distribués aux personnes pieuses et distinguées qui s'empressèrent de toutes parts à les demander à don François.

Ce que nous venons de dire eut lieu à Mugnano:

Dieu voulut le répéter encore ailleurs. Don Alexandre Sério, chargé de distribuer quelques-uns de ces mêmes livres, n'en avait plus que six à sa disposition. Comme le débit en était grand à Naples, où ce gentilhomme habitait, l'on vint bientôt lui faire de nouvelles demandes; et recourant à son mince paquet, au lieu d'un, il en trouve deux, et dans chacun de ces paquets, le double de ce qu'il savait lui rester des livres. — A Monteforte, un homme, appelé Libérat Tedeschi, venait de recevoir de Mugnano dix exemplaires de la même Relation. C'était une commission qui lui avait été donnée par plusieurs de ses compatriotes. On vient les lui demander, il court au tiroir où il les avait enfermés sous clef, et au lieu de dix, il est étonné d'en trouver un nombre beaucoup plus grand. Il compte, et les livres s'élèvent au nombre de trente-quatre.

En 1829, se fit la cinquième multiplication. La troisième édition du même ouvrage avait été donnée au public. Don François, ayant un voyage à faire dans la ville d'Ariano et comptant de là se rendre à Lucera, prit avec lui une quarantaine d'exemplaires de cette troisième édition, et en laissa 140 à Magnano. Bientôt, dans Ariano seulement, il se voit dépouillé de tout ce qu'il avait apporté; il écrit sur-le-champ, et on lui fait un premier envoi de cinquante autres; puis un second encore de cinquante; puis un troisième en égale quantité; et en lui écrivant alors de Mugnano, don Angelo Bianco, ecclésiastique zélé, auquel don François s'était adressé pour ces diverses expéditions, lui mandait qu'il en restait encore quarante. Ce n'est pas tout :

à son retour de Lucera, où les demandes n'en finissaient pas, don François put envoyer quatre-vingt-six autres exemplaires; puis, calculant ce qu'il lui restait, il s'en trouva encore quatre-vingts; ce qui fait une multiplication de deux cent trente-six volumes.

Ces quatre-vingts, qui restaient, furent bientôt demandés; on prenait, on envoyait; le nombre de ces envois s'éleva, pendant une année entière, au-delà de plusieurs centaines, et à la fin de l'année le fonds était encore intact, la source non épuisée. — Dans une autre circonstance, don François se trouva avec dix exemplaires seulement : on lui en demande neuf, il les envoie; et puis, revenant à son dépôt, il en compte dix-neuf.

Telles sont les œuvres de Dieu pour glorifier ses Saints, dans un temps où, pour détruire le règne de Dieu lui-même, l'impiété fait circuler ses poisons dans des livres infâmes, multipliés presque à l'infini... Et l'on pourrait se refuser à croire les miracles d'En-Haut, tandis que l'on voit les vermisseaux d'ici-bas en opérer, j'ose le dire, de plus étonnants encore! Que Dieu fasse des prodiges, eh! y a-t-il en cela rien de surprenant? Il est Dieu, il est notre Père, il nous aime : les plus grands bienfaits sont si naturels à l'amour! Mais que l'homme, enrichi de tant de biens par la divine libéralité, se serve de ces mêmes biens pour lui faire une guerre haineuse, qu'il s'épuise, à cette fin, en sacrifices, en veilles, en inventions chaque jour plus coûteuses pour lui et plus diaboliques, parce qu'elles sont plus raffinées dans leur malice, plus subtiles dans leurs moyens, plus cruelles et plus profondes dans leurs résultats... Ah ! voilà le prodige ! voilà ce qui est contre nature ; ce que le cœur humain ne saurait opérer tout seul ; ce qui prouve le concours d'une puissance surnaturelle ; c'est-à-dire que ce sont là des miracles de l'enfer... Et l'on croirait, après cela, qu'il est fort extraordinaire de voir, en ces temps malheureux, la puissance de Dieu sortir en quelque sorte de son sommeil, pour soutenir, d'une manière plus éclatante, les murs fortement ébranlés de son Eglise !

IVᵉ SÉRIE DE MIRACLES.

PRODIGES DIVERS OBTENUS PAR L'INTERCESSION DE SAINTE PHILOMÈNE.

CE n'est pas seulement d'une manière invisible, mais encore visiblement, que notre THAUMATURGE vient au secours de ceux qui l'invoquent. Un bûcheron de Sirigano, appelé Carluccio Napolitano, favorisé, pour sa dévotion envers la Sainte, de plusieurs grâces particulières, avait en elle une vive confiance. Ce brave homme portait toujours sur soi une de ses images, et c'était devant elle qu'il ouvrait son cœur dans ses divers besoins. Un jour, se trouvant en voyage et surpris par la nuit, il entre dans une auberge. Le discours y tomba sur sainte Philomène, et lui de tirer son image pour la montrer à ceux qui étaient là présents. Elle plaît à l'un d'eux; il lui offre en échange deux pièces de monnaie; un autre lui en propose trois, puis quatre, cinq, et même jusqu'à douze. Mais Carluccio répond qu'il ne la céderait pas pour un écu romain, qu'elle lui faisait trop bonne compagnie; et là-dessus il la remet dans son portefeuille. Le lendemain, de très bonne heure, il se lève, et dirige ses pas vers un village, dit le Sorbo, où il avait à travailler. En traversant une épaisse forêt, il s'égare; et bientôt, ne sachant plus ni où il est ni où il va, son cœur se replie sur la bonne Sainte, à laquelle il se met à parler ainsi : « Comment donc, ma chère Sainte, hier, je n'ai pas voulu vous céder, même pour une bonne somme d'argent; j'ai préféré à tout votre compagnie; et aujourd'hui vous me voyez égaré dans ce bois, et vous ne venez pas à mon aide! » Il n'avait pas fini ces mots que voici venir une jeune personne d'environ treize ans, vêtue d'une robe d'azur, et belle autant que modeste. Elle le regarde, et lui dit : « Brave homme, qu'avez-vous? que vous est-il arrivé de triste? » Carluccio s'ouvre à elle de son embarras. « Ceci n'est rien, lui répond-elle; je vous remettrai sur le chemin; » et, sans autre discours, elle va en avant, comme pour lui indiquer la route. Chemin faisant, notre bûcheron, un peu étonné de l'aventure, se disait à lui-même : Voyez donc qu'elle est grande la bonté de sainte Philomène! A peine invoquée, elle accourt pour vous aider; car enfin puis-je douter que ce ne soit elle qui m'a envoyé cette aimable petite fille? Il allait, s'entretenant de ces pensées pieuses, quand la jeune personne s'arrête, se tourne vers lui, et lui dit : « Suivez maintenant cette route pendant à peu près un mille ; vous rencontrerez ensuite une femme qui aura une corbeille sur la tête ; elle va au lieu que vous cherchez. Vous vous mettrez en sa compagnie, et peu après vous arriverez. » Carluccio la remercie affectueusement, et ils se séparent. Voulant se retourner ensuite pour voir de quel côté se dirigeait la demoiselle charitable, il ne l'aperçoit plus, et, sans autre réflexion, il continue sa route. Bientôt le voilà une seconde fois dans l'embarras. Le sentier par lequel il allait vient aboutir à plusieurs autres. Lequel choisira-t-il ? il n'en sait rien. Tout-à-coup, en levant les yeux, il voit s'avancer de son côté la femme dont on lui avait parlé ; il la reconnaît à sa corbeille. « Savez-vous, lui crie t-il aussitôt, lequel de ces sentiers conduit au village de Sorbo ? — Le Sorbo ! répond la villageoise, si j'en connais le chemin ? c'est mon pays ; venez, je vais vous y conduire ; » et ils y arrivèrent en effet peu de temps après. Ce fut alors que les yeux de Carluccio s'ouvrirent. Comment cette jeune personne, si bien élevée, si modeste, si proprement vêtue, se serait-elle trouvée sur son chemin ? Comment aurait-elle deviné son embarras, et répondu à sa pensée ? Comment prévoir ce qui allait lui arriver, lui dépeindre avec tant de détail cette femme, la charge qu'elle portait, et le but où, ainsi que lui, elle dirigeait sa marche ? Non, non, se disait-il, ce n'est point là un jeu du hasard, c'est sainte Philomène en personne que j'ai vue, et qui m'a tiré de ma peine ; et pendant plusieurs jours ce brave homme fut comme hors de soi, son cœur s'enflammait d'un amour, d'une dévotion tout extraordinaire pour sa céleste compagne.

Il y a plus de merveilleux, et non moins de vérité, dans ce que je vais dire. Puissions-nous en retirer le fruit que Dieu semble s'y être proposé! Dans un pays voisin de Naples vivait une femme mariée, grandement dévote à sainte Philomène. Elle avait environ trente ans. Sa famille, chaque année, avait coutume de se réunir pour faire célébrer une fête, avec beaucoup d'appareil, en l'honneur de la Sainte. En 1830, cette personne fut réduite à l'extrémité par une dangereuse maladie. Sans connaissance, luttant depuis trois jours avec la mort, elle semblait devoir mourir d'un instant à l'autre, et l'on s'occupait déjà des cérémonies et apprêts de son enterrement. Le peuple, qui s'intéressait beaucoup à sa conservation, adressait au ciel pour elle des prières ferventes, et se plaignait à sainte Philomène du peu de zèle qu'elle montrait en cette occasion, où, selon lui, il y allait de son honneur et de sa gloire. Car, ajoutait-il, tandis que votre dévote se prépare à vous fêter, qu'elle dépense son argent pour vous faire un beau tableau, que tout le monde, édifié de sa générosité, vous demande sa grâce, vous, la plus intéressée à sa guérison, vous la laissez mourir? Mais ni les prières ni les plaintes ne faisaient rétrograder le mal, et vers la fin du troisième jour de l'agonie on s'attendait à la voir expirer, quand un grand bruit, causé par des bêtes de somme qui se trouvaient à l'écurie, attire ailleurs l'attention des personnes qui la veillaient. Craignant que ce vacarme hâtât le moment de sa mort (car l'écurie était précisément au-dessous de la chambre), elles courent pour apaiser ces animaux; et revenant aussitôt après : Nous allons peut-être, se disaient-ils, la trouver morte... Ils la trouvèrent pleine de vie, assise sur son lit. A peine les a-t-elle aperçus, que d'une voix forte et sonore, elle s'écrie : « Je reviens de l'autre monde, et je dois mon salut à sainte Philomène. Appelez ici toutes les personnes de la maison, et je vous raconterai ce que j'ai vu, afin que vous admiriez avec moi la puissance de cette Sainte... Mais, encore une fois, faites venir mes enfants et tout le monde ici... » On s'empresse de lui obéir : vieillards, enfants, quelques prêtres aussi, qui logeaient dans la même maison, tous accoururent pour voir la ressuscitée et entendre les merveilles qu'elle avait promis de raconter. Quand ils furent réunis, elle remercia d'abord sainte Philomène en termes qui marquaient la vivacité de sa reconnaissance, puis elle dit : « Je venais d'expirer, quand deux démons m'enchaînent et me traînent avec eux... (La pâleur et l'effroi se peignirent à ces mots vivement sur les traits de son visage.) J'invoque alors de tout mon cœur sainte Philomène, et je la vois accourir; elle était vêtue de blanc, et d'une beauté toute céleste. (Ici la joie se manifeste dans son regard et dans tout son maintien.) Elle me dit : « Ne crains pas, je suis ici pour te défendre. » Puis, se tournant vers les démons : « Que faites-vous là? leur crie-t-elle, cette âme m'appartient; » et aussitôt ils disparurent. Alors, me prenant par la main, comme elle me voyait toute tremblante, elle s'efforça de me rassurer, en répétant, avec un doux sourire, que je cessasse de craindre, qu'elle me promettait sa médiation. Nous arrivâmes ainsi en présence du divin Rédempteur, qui, en me voyant, baissa les yeux, et prit un air sévère. Je tremblai alors bien davantage; mais la Sainte, souriant toujours, cherchait à m'encourager; puis elle se mit à plaider ma cause. — « Mon Epoux, dit-elle à Jésus-Christ, il est convenable à votre miséricordieuse charité que cette âme, qui m'est dévouée, retourne à la vie, pour s'appliquer davantage à l'affaire de son salut. Elle est née au milieu d'une famille nombreuse; les occupations du ménage absorbaient presque tous ses loisirs, et il lui restait peu de temps pour satisfaire aux besoins de son âme. Elle s'est ensuite mariée; de nouvelles occupations, des fatigues plus grandes encore lui sont tombées sur les bras; elle ne pouvait ni entendre une messe avec dévotion, ni réciter un rosaire avec l'esprit tranquille; je vous supplie donc de la rendre à la vie, pour qu'elle ait le temps de mieux remplir ses devoirs... » Notre Seigneur ne répondait rien; il restait impassible, quand la Sainte, reprenant la parole ajouta : « Mon Epoux, elle a encore ses parents; ils sont fort avancés en âge; c'est elle qui en a tout le soin; que deviendront-ils si celle qui leur tient lieu de mère vient à leur manquer? » Ce nouveau motif, allégué par ma sainte patronne, toucha peu le cœur du Souverain Juge, et il ne répondit rien. Son silence, sa sévérité étaient pour moi autant de coups de foudre; et quoique la Sainte m'encourageât toujours par son sourire doux et gracieux, je ne pouvais surmonter ma frayeur... Elle revin une troisième fois à la charge : « Seigneur et cher Epoux, continua-t-elle, si vous ne lui rendez la vie, que vont devenir les trois innocentes créatures qu'elle a mises au jour ?... Elles ne peuvent manquer de se perdre... » Même silence, même sévérité de la part de Jésus-Christ. « Mais, Seigneur, ajoute ma zélée avocate, daignez vous souvenir qu'elle sert de mère à deux de vos ministres appliqués au service des autels, si je n'obtiens pas la grâce que je vous demande, qu'en sera-t-il d'eux ?... » Il ne lui fut donné aucune réponse. Alors, s'enflammant d'un nouveau zèle : « Cher Epoux, s'écria-t-elle d'un ton résolu, souvenez-vous de tout ce que j'ai souffert pour votre gloire, et en particulier des injures, des mauvais traitements et de l'ignominie que l'on m'a fait subir à Rome. Si cette personne ne revient pas à la vie, on ne me fêtera pas dans ce pays, et je suis jalouse de cet honneur ; je ne veux pas en être privée. » Elle proféra ces mots avec tant de feu que le Souverain Juge en fut comme secoué, et prenant un air content et joyeux, il lui dit enfin : « Philomène, ma chère Epouse, fais ce que tu désires ; je te donne pleine liberté... » Et à l'instant même, je me retrouvai dans mon lit, délivrée de tout mal, et pleine de santé. La maladie cessa en effet dès ce moment-là, et une multitude de personnes venant s'assurer du prodige par leurs propres yeux, le récit qu'ils entendaient faire à cette femme opérait sur leurs cœurs les plus salutaires effets ; leur dévotion envers la Sainte s'en accrut, et les habitants de ce pays se déterminèrent à ériger en son honneur une grande et belle statue.

Terminons cet article par un dernier trait, vraiment prodigieux. La grande cloche de l'église de Notre-Dame-des-Grâces, où est le corps de la sainte, venait de se fendre, et l'on songea à lui en substituer une autre. Le bon peuple de Mugnano, toujours zélé pour l'honneur de son auguste Bienfaitrice, n'épargna rien pour que la nouvelle cloche répondît à ses pieuses intentions. On fit venir d'habiles ouvriers; les plus vives recommandations leur furent adressées; Dieu lui-même fut supplié de bénir le travail, et, pour y intéresser davantage la Sainte, on voulut que son image se trouvât sur l'airain destiné particulièrement à son culte. L'ouvrage se fit au mois de mai de l'an 1831. Lorsqu'il fut achevé et le métal refroidi, on s'empresse de le découvrir, et la première chose qui vient frapper les regards est une imperfection assez notable pour rendre le travail complètement inutile. Faute de matière, une partie des pièces qui servent à enchâsser et à retenir dans le bois cette lourde masse manquait totalement, ce qui rendait nécessaire une seconde fonte, et partant de nouveaux frais, dont ce peuple appauvri n'était vraiment pas capable. De là les murmures, les plaintes, les menaces, comme c'est assez l'ordinaire en pareilles occasions. Quel dommage! une si belle cloche! l'image de la Sainte était si bien venue! Mais comment donc, disaient ceux-ci, n'a-t-elle pas empêché ce malheureux accident? — Eh! c'est, répondaient ceux-là, pour avoir occasion de faire un nouveau miracle. — D'autres allaient encore plus loin. Il faut, disaient-ils, forcer la Sainte à suppléer à ce qui manque; et devant son autel on les entendait proférer ces mots : Où est donc votre honneur ? quoi ! la cloche porte votre image, et vous n'en faites pas plus de cas ! que va-t-on dire désormais de vous ? qu'en sera-t-il désormais de votre nom et de votre gloire ? Il y en avait aussi dont le zèle, moins éclairé, s'en prenait aux ouvriers, en les accusant hautement d'avoir trahi la confiance et les intérêts du peuple. C'est pour gagner davantage, leur disaient-ils, en faisant un double travail, que vous nous avez joués de la sorte. Si vous craigniez de ne pas réussir, que ne le disiez-vous ? Pourquoi tant de belles protestations ? Et où viennent aboutir ces magnifiques conditions dont, après tout, nous devons être seuls les victimes ? A ces reproches venaient se joindre les paroles les plus menaçantes, au point que les ouvriers, n'osant plus se montrer en public, crainte de quelque grave insulte, attendaient la nuit pour se retirer dans leur pays. Le reproche qu'on leur adressa n'avait assurément aucun fondement solide ; ces ouvriers avaient de la probité et de la religion, leur habileté était connue ; mais enfin ne faut-il pas que tout homme suive J.-C. en portant sa croix ? Ils cherchèrent sagement à rendre la leur plus douce, en recourant à la consolatrice des affligés, et en la suppliant de venir à leur secours par l'intercession et les mérites de sainte Philomène. Le directeur de l'entreprise surtout, vu qu'il était le plus intéressé et le plus lésé dans cette affaire, priait avec toute la ferveur dont il était capable, et il sentait je ne sais quelle confiance naître dans son cœur. C'était comme l'aurore d'une grande grâce. Vers la quatrième heure de la nuit, certaine rumeur se fait entendre tout auprès du lieu où nos ouvriers étaient réunis; ils sont d'autant plus étonnés qu'il règne partout un grand silence. L'effroi s'empare d'eux; leur imagination s'échauffant, ils se croient à deux doigts de la mort; ils se persuadent que dans un instant une grêle de pierres va les faire tomber sous les coups de la fureur populaire. Le directeur seul ne pouvait se rendre à cette pensée. Son cœur semblait lui dire : Imagination que tout cela! Va, la grâce est faite, la cloche est réparée. Sors, tu le verras de tes yeux. Ses compagnons, auxquels, quoiqu'il en dît, sa confiance paraissait mal fondée, jugeaient qu'il valait mieux recommander son âme à Dieu. Au surplus, lui répondirent-ils, vous pouvez aller voir ce qui en est; nous serions trop heureux que la bienheureuse Vierge et sainte Philomène nous eussent obtenu cette grâce. Il va donc, personne ne s'offre à lui sur son passage; il arrive, il regarde. « Non, ce n'est point une erreur : voici les pièces qui manquaient; je les vois, je les touche. O Dieu! ô sainte Philomène! » et il court transporté de joie vers ses compagnons; ils reviennent ensemble; ils donnent à Dieu et à la Sainte mille bénédictions; le miracle en un moment a porté l'éveil dans toutes les demeures; on accourt, on veut voir, on veut toucher, on veut entendre. Rien de plus certain, rien de plus admirable, de plus inouï; ce n'est sur tous les points, dans tous les cœurs, sur toutes les lèvres, qu'un concert spontané de louanges et d'actions de grâces, dont le Seigneur, sa sainte Mère et sainte Philomène sont l'objet. Une circonstance singulière accompagna ce prodige. On trouva au-dessus de ces crampons ou anneaux miraculeusement ajoutés à la cloche, un bloc de mâchefer du poids d'environ trois livres, comme en signe peut-être de ce qui venait d'être opéré ; et tous, comprenant cet insensible langage, s'unirent dès le lendemain au clergé de l'endroit, pour transporter dans l'église ce monument sacré de la bonté de Dieu. En le regardant, ils louaient la céleste puissance, et leur dévotion à sainte Philomène y trouvait un délicieux aliment.

V. — PRATIQUES DE DÉVOTION EN L'HONNEUR DE SAINTE PHILOMÈNE.

1. La pratique la plus solide et la moins usitée peut-être de notre dévotion envers les saints, est celle dont parle saint Augustin : « Toutes les fois, dit-il, que nous honorons les martyrs, ne nous arrêtons pas à demander par leur intercession les biens temporels, mais rendons-nous dignes, en imitant leurs vertus, de la jouissance des biens éternels. Ceux-là honorent véritablement les martyrs, qui s'efforcent de suivre leurs traces. Car enfin pourrons-nous célébrer la gloire de leur martyre sans nous sentir portés à souffrir comme eux ? Mais, hélas ! nous voulons participer à leur joie sans partager leurs souffrances, et par-là même nous nous verrons exclus de leur bonheur. » Ces paroles nous indiquent assez l'intention principale du Seigneur et

de son Eglise dans le culte que nous rendons aux saints, intention énoncée clairement par le VII*e* concile général, tenu à Nicée, en ces termes précis : *Ut nos sanctitudinis eorum fiamus participes,* c'est-à-dire que nous implorons l'intercession de la très pure et toujours vierge Marie, des Anges et des saints, que nous saluons et vénérons les reliques, pour nous rendre participants de leur sainteté et de leurs vertus.

Sommes-nous donc jaloux d'intéresser particulièrement sainte Philomène à notre cause ? Méditons sa vie ; contemplons ses souffrances ; réfléchissons sur l'héroïsme de sa mort ; et faisant à notre état l'application des vertus qui nous ont le plus frappés en elle, animons-nous à extirper de nos cœurs les vices ou les défauts contraires ; fortifions, perfectionnons l'habitude des mêmes vertus par l'exercice plus fréquent et plus pur des actes qui en découlent.

I*re* CONSIDÉRATION.

Sainte Philomène vécut au milieu du monde ; j'y vis aussi. Mais, entre elle et moi, quelle énorme différence ! Elle était entièrement détachée du monde, et je languis peut-être depuis bien longtemps dans la chaîne de ses maximes, de ses lois, de ses impurs et ridicules usages. Ne suis-je lié par aucune affection réprouvée dans l'Evangile ? Ne suis-je point jaloux de plaire aux mondains et d'en être estimé ? Mes désirs ne s'élancent-ils pas avec une sorte d'impétuosité vers ces biens séduisants, mais dangereux, que je vois étalés sur le théâtre des vanités humaines, etc., etc., etc...? Ah ! laissons là ces liens, ces affections ; étouffons ces désirs, aspirons à des biens plus solides. Sainte Philomène, aidez-moi ; c'est pour vous honorer que je veux faire à Dieu ces sacrifices, etc., etc...

IIe CONSIDÉRATION.

Sainte Philomène vécut au milieu du monde. J'ai le bonheur d'en être éloigné. Mille moyens de sanctification, que j'ai entre les mains, et dont elle ne fut point favorisée, me rendent plus facile la pratique des vertus et la fuite du vice. Mais que me dit ici ma conscience? Où en suis-je sous ce double rapport? Oserais-je soutenir un parallèle entre la Sainte et moi? Et, s'il tourne à mon désavantage, quelle conclusion en dois-je tirer? Ah! Seigneur, pardonnez-moi l'abus de tant de grâces! Ne me châtiez pas comme le serviteur méchant et paresseux. Je veux être désormais fidèle et généreux, employer avec soin les innombrables moyens que votre bonté me donne pour ma sanctification, etc. Je la prends, cette résolution, pour vous plaire, pour vous imiter! O sainte Philomène! concourez, je vous en supplie, par vos prières, à mes efforts, etc.

IIIe CONSIDÉRATION.

Sainte Philomène fit vœu de virginité. Combien par là elle anéantissait de plaisirs charnels, de flatteuses espérances! Ce vœu absorbait, pour ainsi dire, tout son avenir ; il dépouillait de ses plus beaux fleurons la couronne royale qui lui était destinée. Mais qu'importe? s'est-elle dit. Le monde entier n'est rien au prix d'un degré de perfection que je donnerai à mon âme. Mieux vaut appartenir entièrement à Dieu que de partager ses pensées, ses soins, ses affections entre lui et les créatures ; il y a plus de sagesse à s'éloigner du péril qu'à marcher toujours en côtoyant les abîmes. Que de noblesse dans ces sentiments ! quelle vivacité de foi ! Que de générosité dans un tel sacrifice ! Dieu m'appelle peut-être sur une autre voie. Je dis peut-être : y ai-je sérieusement réfléchi ? Ah ! si cette autre voie n'était pas la voie du Seigneur, mais uniquement la mienne !... ou la voie de l'intérêt ! ou celle d'une affection peu en harmonie avec la volonté divine !... Mais enfin, si je suis vierge encore, ai-je soin de veiller sur cette pierre précieuse ?... Tant d'ennemis visibles et invisibles s'efforcent de l'enlever, ou du moins d'en ternir l'éclat !... Lui ai-je fait un rempart de l'humilité, de la modestie, de la prière, de la fréquentation des sacrements, etc ?... Si j'ai déjà contracté dans le monde l'union sacrée du mariage, ai-je eu pour elle ce respect dû à l'élévation où l'a mise un auguste sacrement ?... etc... O Sainte Philomène ! veillez sur ce dépôt de la chasteté qui m'est propre !... Pour votre honneur, je vais redoubler de circonspection, etc., etc...

IV° CONSIDÉRATION.

Sainte Philomène renonça aux biens les plus attrayants du siècle... Elle avait donc bien saisi le sens de ces paroles de Salomon : « Vanité des vanités, tout ici-bas n'est que vanité... » Et, non contente de le saisir, elle sut le réduire en pratique au moment le plus difficile, mais aussi le plus glorieux de sa vie. Dieu! que de motifs de confusion pour moi dans cet admirable renoncement! Rougis, cœur misérable, toi que les vanités captivent; toi dont elles se font un ridicule jouet. En sacrifiant tout, sainte Philomène devint ce qu'elle est. En prétendant à tout, tu t'es privé des biens qui seuls méritaient ton estime. Tu crois peut-être que le monde, tout pauvre qu'il est, peut enrichir ceux qui le servent; que son ignominie (car n'est-il pas maudit de Dieu?) peut te conduire au véritable honneur; que ce qu'il appelle plaisirs, et dont il ne recueille que l'amertume, viendra t'apporter le bonheur. Insensé! ton erreur est d'autant plus coupable qu'elle t'expose, par ta faute, au plus grand des périls. Car enfin n'est-il pas écrit que les amis de ce monde sont ennemis de Dieu? parce que le monde, avec tout ce qu'il a, tout ce qu'il est, ne présente que malice. Il est donc bien temps de se désabuser, et d'user de ce monde comme n'en usant point, c'est-à-dire de mépriser tout ce qu'il estime, de ne s'attacher à rien de ce qu'il aime, etc... Pardon, mon Dieu, de mon ancienne folie! Sainte Philomène, aidez-moi à rectifier mes jugements, à rompre mes attaches, et même à consentir au sacrifice de tout, si jamais Dieu l'imposait à mon âme, etc.

Ve CONSIDÉRATION.

Sainte Philomène souffre pour Dieu de cruels tourments... Elle était jeune, délicate, issue du sang des rois. C'en était bien assez pour obtenir du monde et de la chair une pleine dispense de toute sorte de souffrances; il suffisait de dissimuler sa religion ; les motifs n'en pouvaient être ni plus raisonnables ni plus impérieux ; ne s'agissait-il pas de soustraire ses parents à la fureur de Dioclétien, et de sauver sa propre vie ? Mais sainte Philomène savait la déclaration expresse du Sauveur : « Quiconque ne hait point père, mère et sa propre vie, pour l'amour de moi, ne saurait être mon disciple. » Elle pratique donc ce qu'elle sait, et la voilà aux prises avec les plus longues et les plus douloureuses tortures. — Que pensé-je d'un tel héroïsme ? En aperçois-je au moins le germe dans mon cœur ? Peut-être j'obéis à mon Dieu tant qu'il n'en coûte rien ni à la chair ni à la nature. Aussitôt que je les entends former la moindre plainte, je recule, même devant les préceptes les plus rigoureux ; je laisse là les pratiques de piété les plus utiles à mon âme ; je vais jusqu'à imaginer des prétextes fantastiques, pour me faire illusion et me délivrer de tout remords. Et je croirais, en me conduisant ainsi, parvenir à un heureux terme ! C'est tout-à-fait impossible. Jésus-Christ n'appelle heureux que ceux qui unissent la pratique à la science. Si je suis chrétien, il faut que je le paraisse ; et je ne puis ni l'être ni le paraître si je ne suis fidèlement Jésus-Christ en portant ma croix, comme il porte la sienne. Souffrons donc, je le veux ; accomplissons les devoirs même les plus pénibles, foulons aux pieds le respect humain, montrons nous partout et toujours chrétiens généreux et fidèles. Je vous le promets, ô mon Dieu ; donnez-moi, par les mérites de sainte Philomène, la grâce de le pratiquer, etc.

VIe CONSIDÉRATION.

Sainte philomène est constante au milieu des plus cruels tourments... C'est là un prodige de vertu plus admirable, plus rare que le précédent. Plusieurs commencent, mais à peine des fondements sont-ils jetés, qu'ils se désistent de l'ouvrage. Sainte Philomène poursuit le sien jusqu'à ce qu'elle l'ait achevé. Pas un moment de retour sur soi-même, sur sa famille, sur les offres brillantes que lui faisait l'Empereur. Nul regret, nulle plainte, nul reproche. C'est toujours le *fiat* du Sauveur, dans le jardin des Olives, et c'est là ce qui assure pour jamais son élection et sa vocation. Est-ce là aussi ce qui me tranquillise sur la mienne? Suis-je constant dans mes projets de sanctification, ou du nombre de ceux qui vivent une heure pour Dieu, un jour pour le monde et pour eux-mêmes? Le Sauveur les compare à des roseaux agités par le vent. Saint Paul les déclare atteints de folie. Le sage les assimille à celui de tous les astres qui est le plus changeant : *Stultus ut luna mutatur*. « Si vous ne persévérez pas, dit saint Bernard, vos combats ne seront point suivis de la victoire, et fussiez-vous déjà vainqueur le laurier ne couronnera jamais votre front... » Hélas! Seigneur, que répondrai-je à votre justice? Mille fois je commençai par l'esprit, et mille fois je finis par la chair. Tantôt j'ai voulu devenir vertueux, et tantôt je me suis lassé de l'être. Un instant après avoir dit adieu au monde, je lui ai de nouveau tendu les bras; je venais d'en fouler aux pieds les vanités, et presque aussitôt je me suis remis dans leurs chaînes. Déplorable inconstance ! Insignifiante volonté ! O mon Dieu ! fixez la volubilité de mes inclinations et la légèreté de mes pensées ! Sainte Philomène, obtenez-moi la persévérance dans le bien, puisque c'est elle seule qui sauve, etc., etc.

VIIe CONSIDÉRATION.

Sainte Philomène est puissamment assistée de Dieu dans ces combats, et c'est encore ici une preuve de ce que dit saint Paul : « Dieu proportionnera ses secours à la violence des tentations, afin que vous puissiez leur résister. » Quels sont ces secours ? Jésus lui-même... et Jésus dans les bras de sa mère... Marie... les SS. Anges... et l'esprit de force qui descend dans le cœur de la jeune héroïne. Aussi peut-elle s'écrier avec David : « Le Seigneur est ma lumière et mon salut; qui craindrai-je ? Le Seigneur veille à la conservation de ma vie spirituelle ; devant qui tremblerai-je ? Quand je verrais des légions entières s'unir à mes bourreaux, j'espérerais encore. Mon Dieu, vous êtes avec moi. » Elle traversera donc avec un courage intrépide et les tourments et ceux qui les lui font endurer ; elle atteindra au but, pour recevoir sa couronne. O sainte Philomène ! ce que Dieu fit pour vous, ne le fera-t-il pas aussi pour moi ? Ne suis-je pas son enfant, comme il fut votre père ? Eh ! pourquoi donc ses craintes de me voir délaissé ? N'est-ce pas l'esprit de vérité qui a dit : « Heureux l'homme qui souffre tentation ! » Lui encore, qui a mis sur les lèvres de saint Paul ces expressions, sorties d'un cœur d'A-

pôtre : « Je me glorifie de mes souffrances ; en mettant à l'épreuve ma fidélité, elles me remplissent d'espérance, et l'espérance ne trompe jamais. » Loin de moi donc ces terreurs aussi vaines qu'injustes. Dans mes tribulations, je m'écrierai vers mon Dieu ; dans la tempête, je jetterai dans son sein l'ancre solide d'une inébranlable confiance. O ma sainte Protectrice, fortifiez-moi dans ces sentiments, etc.

VIIIe CONSIDÉRATION.

Sainte Philomène sort victorieuse de tous les assauts qui lui sont livrés ; et c'est la mort sur le champ de bataille qui lui vaut un bonheur éternel, une couronne plus belle que celle de tous les potentats du monde, des palmes telles que n'en a jamais cueilli la main des plus illustres conquérants. La honte et la douleur se sont en vain épuisées sur elles ; et lorsque l'une et l'autre, réunissant leurs efforts, ont cru assurer leur victoire, c'est leur propre défaite qu'elles ont consommée. La gloire accourt alors servir de vêtement à Philomène, et les torrents de délices qui coulent dans Sion l'ont reçue et noyée en leur douceur immense. Elève donc la voix, ô illustre martyre ! insulte maintenant à tes orgueilleux ennemis ; dis-leur avec l'Apôtre : Honte, douleur, où est donc votre victoire ? qu'est devenu l'aiguillon de vos dards, le tranchant de vos glaives, le sceau de flétrissure et d'infamie que vous vouliez apposer sur mon front. Je suis morte, et je vis ; je suis vaincue, et je triomphe ; je suis traînée à l'échafaud, et me voilà glorifiée dans les cieux. Ainsi l'humiliation est l'avant-courrière de la gloire ; la croix est le gage du bonheur. L'ai-je compris ? Veux-je en venir à la pratique ? dussé-je soutenir l'effort des ennemis les plus terribles, avoir à m'engager dans les combats les plus sanglants, combien cela peut-il durer ? que sera cette lutte ? *Momentaneum et leve*, dit saint Paul. Un moment, peu de chose, presque rien, et puis *æternum gloriæ pondus*, un poids de gloire, mais un poids dont la valeur égale celui d'une éternité ! O mon cœur, dilate-toi donc à cette douce espérance ; et non-seulement tu seras résigné dans tes diverses épreuves, mais tu tressailleras de joie. Je sème, diras-tu ; mais quelle belle récolte m'est assurée ! ce sont des sceptres, des couronnes, que je moissonnerai un jour. Coulez, mes larmes, puisqu'à vous est promise une si riche consolation ! Amertumes, ne me fuyez pas, puisque après vous viendront les douceurs les plus exquises !... Pénitence, mortification chrétienne, approchez-vous de moi, puisque vous êtes le principe d'une résurrection glorieuse. Oui, je veux souffrir pour jouir ; je veux combattre pour vaincre ; je veux m'humilier et être humilié, pour que mon Dieu m'exalte ; je veux mourir au monde, au péché, à moi-même, pour vivre à Dieu, en Dieu et avec Dieu durant l'éternité. Sainte Philomène, attirez-moi sur vos pas, et venez à mon aide par votre intercession, comme vous m'avez éclairé et animé par vos exemples, etc., etc.

IXe CONSIDÉRATION.

Sainte Philomène apparaît dans l'Église militante

pour y exercer un admirable apostolat. Non, les œuvres du juste ne périssent point avec sa vie temporelle. C'est une semence cachée pour quelque temps; le jour vient où l'on verra s'élever une tige, et cette tige se couronner de fleurs et de fruits... La vie est un hiver; attendons que la mort en ait fondu la glace, que le soleil éternel se soit levé; une voix appellera le juste; elle dira : « Maintenant l'hiver est passé, les nuages se sont dissipés; lève-toi, mon ami, et viens. » Le juste alors s'élance : il paraît aux habitants des Cieux tel qu'une vigne chargée de pampres et de fruits; tel qu'une fleur aussi belle par son éclat qu'elle est élégante dans ses formes; et tous, satisfaits de le voir, s'écrient de concert : « Une fleur s'est montrée en nos jardins, une vigne nouvelle nous envoie ses parfums; viens, viens, ô âme sainte et bien-aimée! prends ta place au milieu de nous; » et le juste entre ainsi dans sa gloire. Mais ce n'est point assez. La terre, qui envoie au Ciel ce présent, n'aura-t-elle de lui aucun signe de reconnaissance? Oui, et ce signe sera une pluie de nouvelles grâces, une rosée tantôt visible, tantôt invisible de bénédictions. N'en cherchons point la preuve ailleurs que dans sainte Philomène. Après tant et tant de siècles, ses mérites ne sont-ils pas encore vivants? ne nous sont-ils point appliqués avec une surabondance qui jette le monde dans l'étonnement? De toutes parts un bruit de prodiges se fait entendre, Philomène, et c'est toi qui les sèmes dans l'univers à pleines mains. Qu'as-tu donc fait pour conquérir cette gloire? « Elle a aimé la justice et haï l'iniquité... Son cœur, plein d'affection pour la loi de Dieu, s'en nourrissait nuit et jour, et maintenant, telle que l'arbre planté le long des eaux, elle donne son fruit... Tout ce qu'elle entreprend est couronné du succès. » Réjouissez-vous donc, ô justes, dans le Seigneur; louez-le au souvenir des grâces qu'il vous a faites, et dont vous avez su bien profiter. Que ne puis-je me former aujourd'hui sur vos exemples, pour avoir part un jour à votre fécondité! Je commence enfin à vous suivre. Je vais ensemencer ma terre de nombreux actes de vertus; plus la semence est abondante, plus la récolte l'est aussi. Puisons donc à pleines mains dans les trésors de la piété, de la patience, de la charité, de l'obéissance, de toutes les vertus chrétiennes. Cherchons Dieu seul jusque dans nos plus petites actions. Mettons à profit toutes les grâces. Amassons, thésaurisons et pour l'Eglise du ciel et pour l'Eglise de la terre; ce que je fais pour Dieu, je le fais pour moi, je le fais pour les anges, pour les saints, pour les justes, pour les pécheurs. Hâtons-nous, ne perdons pas un moment. Sainte Philomène, aidez-moi; vous aussi, vous partagerez les fruits de ma récolte.

X· CONSIDÉRATION.

Sainte Philomène, dans son apostolat, se met en guerre avec l'esprit du monde. C'est là un des caractères les plus saillants, et comme le cachet de la plupart de ses œuvres. Au milieu de la grandeur dont elles sont revêtues, on voit percer je ne sais quelle petitesse évangélique dont il n'est pas difficile de deviner le but. Je me sens porté, en y réfléchissant, à lui appliquer ces paroles de Siméon : « Voilà que celle-ci est destinée à la ruine et à la résurrection de plusieurs; c'est un signe élevé, contre lequel s'armeront mille contradicteurs; » et je m'écrierais encore avec le Sauveur : *Nunc judicium es mundi;* Dieu vient juger et condamner le monde par sainte Philomène; le monde, c'est-à-dire la folie de ses pensées, les ténèbres de ses jugements, la confiance qu'il a dans ses lumières. Si ce monde avait été consulté sur la nature des miracles à opérer, pour le triomphe de la foi dans l'Eglise, seule véritable, aurait-il même songé à ceux dont nous avons parlé? à ces miracles, qui ne seront pour lui, comme ceux du Sauveur le furent pour les Juifs et les Grecs, que folie et scandale? Il s'en rira, il les méprisera; il s'efforcera même de s'en servir, comme ces soldats désarmés qui arrachent à l'ennemi son glaive pour le tourner contre lui-même. Mais où viendront aboutir ces efforts? L'heure de l'humiliation du monde est arrivée : il boira jusqu'à la lie le calice que Dieu lui a préparé. Ce dont il fera l'objet de ses risées et de ses insultes, le fidèle s'en édifiera; il en tirera cette conclusion pratique : Imitons Dieu et sa Sainte envoyée dans nos rapports avec ce monde gangrené et perverti. Ce qui lui déplaît doit me plaire; ce qu'il a horreur de faire, je le fais; tant mieux si je lui parais singulier, ridicule; tant pis s'il ne me trouve pas selon ses maximes et ses penchants. Qu'il s'adore, s'il le veut, en contemplant sa hideuse image; moi, je n'adore que celui qui s'humilia sous la main de ses bourreaux, jusqu'à mourir d'une mort infâme, dans les bras déshonorants de la croix. Un jour viendra, qu'en me voyant couronné par la divine sagesse, tandis que lui et tous ses partisans en seront flétris et réprouvés, ce monde confessera hautement sa propre folie, et je serai suffisamment vengé... O sainte Philomène! imprimez sur mon cœur et sur mes œuvres le caractère anti-mondain que je vois briller sur votre front, etc.

En mettant sous les yeux de nos lecteurs les considérations précédentes, nous nous sommes uniquement proposé de leur faciliter la voie où se trouvent les fruits les plus solides de la dévotion envers les Saints. Si quelqu'un d'eux aimait qu'au fond de la pratique j'ajoutasse le détail de quelques actes, les voici tels à peu près que la Sainte elle-même semble les suggérer par ses vertus et par ses œuvres. Ainsi, en son honneur, l'on pourrait :

PRATIQUES.

1º Veiller à la garde de ses yeux avec plus d'attention ;

2º S'interdire les visites et les conversations inutiles ;

3º Bannir toute superfluité, toute immodestie dans ses vêtements ;

4º Se priver de ce qui flatte seulement les sens et la nature ;

5º Retrancher tout ce qu'il y aurait de désordre dans ses affections ;

6º Se rapprocher un peu plus de Dieu par la prière et la méditation ;

7º Remporter sur le respect humain quelque victoire plus signalée ;

8° S'adonner aux œuvres de la miséricorde chrétienne avec plus de zèle ;

9° Distinguer, dans ses soins et son affection, les pauvres et les enfants ;

10° Imiter les simples dans les signes de leur dévotion envers les Saints, etc.

Une piété vraiment éclairée ne peut manquer d'apprécier ces pratiques ; elle y en ajoutera d'autres, et méritera ainsi de plus en plus les faveurs de Dieu et de sainte Philomène.

FIN.

TABLE.

I. Découverte du saint corps de sainte Philomène.   5
II. Histoire du martyre de sainte Philomène.   11
III. Translation du corps de sainte Philomène à Mugnano.   27
IV. Divers miracles opérés par l'intercession de sainte Philomène.   44
    Ire Série de Miracles. Prodiges opérés sur le corps de sainte Philomène.   46
    IIe Série. Prodiges opérés sur les statues, images, etc., de sainte Philomène.   56
    IIIe Série. Multiplications miraculeuses opérées par sainte Philomène.   69
    IVe Série. Prodiges divers obtenus par l'intercession de sainte Philomène.   60
Ve Pratiques de dévotion en l'honneur de sainte Philomène.   90

Limoges. — Imp. Eugène ARDANT et Cie.